BIBLIOTECA DE DERECHO ADMINISTRATIVO
Luigi Garofalo
(Director)

Carlos Antonio Agurto Gonzáles
Sonia Lidia Quequejana Mamani
Benigno Choque Cuenca
(Coordinadores Generales)

Lucy Jeannette Bermúdez Bermúdez

La responsabilidad fiscal y el término de duración de la garantía frente a los contratos estatales y la responsabilidad fiscal

Edición al cuidado de
Carlos Antonio Agurto Gonzáles
Sonia Lidia Quequejana Mamani
Benigno Choque Cuenca

Ediciones Olejnik

Título: La responsabilidad fiscal y el término de duración de la garantía frente a los contratos estatales y la responsabilidad fiscal

Huérfanos 611, Santiago - Chile
E-mail: contacto@edicionesolejnik.com
Web site: http://www.edicionesolejnik.com

Primera edición en Ediciones Olejnik: 2023

ISBN: 978-956-407-143-5

Diseño de Carátula: Ena Zuñiga
Diagramación: Luis A. Sierra Cárdenas

Impreso en Argentina 2023 Printed in Argentina

ÍNDICE

PRESENTACIÓN 9

1.
MARCO TEÓRICO

1.1. Tipos de responsabilidad y aspectos generales 13
1.2. Normatividad 18
1.3. Características de la responsabilidad fiscal 27

2.
ELEMENTOS DE LA RESPONSABILIDAD FISCAL

2.1. Conducta (culpa grave o dolo) 35
2.2. Daño patrimonial al Estado 41
2.3. Nexo Causal 45

3.
EL PROCESO DE RESPONSABILIDAD FISCAL

3.1. Proceso Ordinario 55
3.2. Proceso Verbal 62
3.3. Caducidad y prescripción acción fiscal 65
3.4. Prescripción del contrato de seguro 70

4.
VINCULACIÓN DE LAS COMPAÑÍAS DE SEGUROS

4.1. Normatividad 75
4.2. Jurisprudencia 76
4.3. La vinculación del garante 77
4.4. Pólizas que pueden ser afectadas con la vinculación del garante 80

5.
EL TÉRMINO DE DURACIÓN DE LA GARANTÍA FRENTE A LOS CONTRATOS ESTATALES Y LA RESPONSABILIDAD FISCAL
.... 89

6.
REFLEXIONES FINALES
.... 107

7.
BIBLIOGRAFÍA
.... 109

PRESENTACIÓN

Como lo he escrito en anteriores ocasiones, siempre que una nueva obra jurídica se publica, es motivo de júbilo, pues representa que nuestra doctrina y nuestra práctica siguen avanzando en pos de contar con estudios de vanguardia y valiosos para la ciencia jurídica.

En este caso, me resulta especialmente honroso la oportunidad de presentarle al lector esta nueva obra: «El término de duración de la garantía frente a los contratos estatales y la responsabilidad fiscal» de la Magister Lucy Jeannette Bermúdez Bermúdez, nos parece de fundamental lectura para aquellos que nos dedicamos al derecho público y en especial, al derecho administrativo.

Pero flaco favor haríamos a este inmerecido honor de presentara esta obra, sin antes hablar de su autora.

La Magister Bermúdez Bermúdez, egresada de la Universidad La Gran Colombia de Bogotá, Magister en Derecho Disciplinario y aspirante a Magister en Derecho Administrativo por la Universidad Libre, además de Especialista en Derecho Penal y Criminología por la Universidad de Santo Tomás. Adicionalmente, aspirante a Especialista en Revisoría Fiscal y Auditoría Forense de la Universidad del Área Andina.

En el ámbito profesional, destaca con más de 30 años como funcionaria pública, destacando por supuesto, como Magistrada del Consejo de Estado, el cual presidió en el año 2019, siendo integrante de la Sección Quinta. Se ha desempeñado como funcionaria judicial, así como en la Procuraduría General de la Nación en diversos cargos.

Actualmente, se desempeña en el ejercicio independiente de la profesión como consultora y asesora especializada en diversos temas de derecho público y administrativo.

Ya en el haber de la Magister Bermúdez se encuentran diversas publicaciones, tanto artículos y libros que ya son de referencia para nuestra materia.

Sin duda estas breves líneas describiendo parte de su hoja de vida, no le hacen justicia a su trayectoria como funcionaria pública, ni como magistrada del Consejo de Estado ni en su producción académica y su desempeño profesional, nuestra pretensión es simplemente exponerle al lector algunos de los méritos de la autora de esta obra, dando pie a explicar el porque es importante acercarse a este nuevo trabajo de investigación, pues se trata de una abogada que combina con habilidad la práctica y la experiencia profesional, tanto en el ramo judicial, en la función pública y en el ejercicio privado, así como su formación académica, y por tanto, con una inmejorable visión teórico-práctica que claramente se aprecia a lo largo de esta publicación.

Ahora bien, «El término de duración de la garantía frente a los contratos estatales y la responsabilidad fiscal» está llamada a convertirse rápidamente en una obra de referencia precisamente debido a la pericia con la que la autora nos expone el tema de la responsabilidad en sus distintos órdenes, desde un punto de partida teórico, pero bien aderezado con la jurisprudencia y la norma positiva, exponiendo así, los dos lados de la moneda de la práctica jurídico-administrativa, y por supuesto, su exposición sobre las garantías para efectos de llamada responsabilidad fiscal.

En este tenor, la autora nos lleva los lectores de la mano sobre el tema de la responsabilidad, en su primer capítulo, a partir de identificar el concepto de responsabilidad y sus distintas formas dentro de la ciencia jurídica, desde la responsabilidad civil, tan antigua con el derecho mismo, y de cuyas teorías (y prácticas) se han desarrollado la reparación de los daños y perjuicios, daño moral, reparación patrimonial, tanto contractual como extracontractual.

Una especialmente mención requiere la forma en se entiende a la responsabilidad en la función pública, donde se identifica con la responsabilidad extracontractual del Estado, así como la responsabilidad que a título personal recae sobre el servidor público, debido a su investidura, por mandato constitucional y legal.

Es necesario en este punto comprender los alcances de la reparación patrimonial, es decir, donde la responsabilidad del Estado normalmente es objetiva y directa (como sucede en otras latitudes como en mi natal México o en el derecho español), donde aún cuando el concepto de responsabilidad es innegablemente civil, se presenta como un punto de partida para justificar en gran medida al propio derecho administrativo, baste con recordar aquella narrativa que se desprende de sus orígenes a partir del afamado *L'Arrêt Blanco* y dejar de lado aquella máxima del derecho anglosajón: *The King can do no wrong*, traducida normalmente como «El rey nunca se equivoca» y que hasta hace relativamente poco tiempo, justificaba la llamada irresponsabilidad del Estado.

Sin embargo, esa responsabilidad patrimonial del Estado es precisamente en una relación entre la Administración Pública (El Estado) y el administrado, como ya lo señalamos en líneas precedentes, de manera objetiva y directa. Sin embargo, la responsabilidad patrimonial se genera en virtud de una acción u omisión por parte de funcionario público, de tal forma, que resulta evidente que el daño o perjuicio fue ocasionado por una persona, investida del carácter de funcionario en ejercicio de sus potestades públicas, por tanto, éste se vuelve responsable frente a la Administración.

Sea por teoría de la representación, por mandato o por simple ministerio de ley, es evidente que el funcionario al momento de ocasionar la lesión hace responsable a la Administración frente al administrado, pero a su vez resulta responsable frente a la propia Administración, reiterando la natural relación aquiliana de la responsabilidad.

Desde la óptica del derecho administrativo, no siempre se ha prestado atención a este segundo supuesto, pues normalmente nuestro análisis lo centramos en la relación Administración-administrativo y la valía de esta obra que ahora presentamos está precisamente en esto, se ocupa de la responsabilidad del funcionario frente a la Administración, específicamente en ese derecho de repetición que la Administración tiene sobre este en virtud de su actuación funcionarial.

Aquí la autora, Lucy Jeanette Bermúdez Bermúdez nos expone con gran habilidad y sencillez los alcances de la llamada responsabilidad fiscal en el ámbito del derecho colombiano, los supuestos relativos a la culpa (grave o no) así como el dolo en su actuación, el daño patrimonial ocasionado con motivo de su actuación irregular y por supuesto, el nexo causal.

Este último punto, resulta interesante analizar que la reparación patrimonial, en esa relación entre Administración y administrativo no es necesario de agotar (por lo menos en cómo se puede interpretar) debido a la naturaleza de la responsabilidad objetiva y directa, sin embargo, tratándose de los funcionarios públicos en relación con la Administración resulta insostenible, pues debido su contenido, como nos lo explica la autora, necesariamente debe acreditarse un nexo causal entre la conducta lesiva de derechos del particular y el daño causado en el cumplimiento de sus atribuciones y que el administrado no tiene el deber jurídico de soportarlo.

Abordados estos conceptos y posicionamientos teóricos y normativos, la Magister Bermúdez dedica las siguientes páginas de su obra a exponer el procedimiento de responsabilidad fiscal, sus modalidades y contenidos, así como sus formas anormales de terminación (caducidad y prescripción).

En el cuarto capítulo, Lucy Jeanette Bermúdez Bermúdez expone cuidadosamente las implicaciones de la relación que se genera con las compañías aseguradoras, específicamente en su relación con el seguro de responsabilidad fiscal de los funcionarios públicos, y cuya obligatoriedad para contratar está generalmente aceptada por las distintas legislaciones en materia de reparación patrimonial.

Al igual que otros temas, pocas veces el iusadministrativista se aboca al estudio de esta obligación, pero sin duda es un elemento no menor de tutela de nuestro Estado de Derecho, especialmente en cuanto a las obligaciones legales de los funcionarios públicos y su desempeño como tales en un ámbito de certidumbre jurídica y con garantías suficientes para ejercer, dentro del marco constitucional y normativo su función. Sin duda un gran aporte de la autora al acervo literario lo encontramos precisamente en el análisis que hace de la relación que se genera entre las aseguradoras y su vinculación como garante del ejercicio de la función pública de cara a las posibles responsabilidades patrimoniales y por ende fiscal.

Poco es lo que podemos decir para invitar al lector y encontrar el valor en esta obra, pues su autora, por mérito propio, es razón más que suficiente para llevar «El término de duración de la garantía frente a los contratos estatales y la responsabilidad fiscal» como una obra de consulta obligatoria.

Sin más, no me queda más que agradecer el enorme privilegio que se me ha conferido al permitirme redactar estas líneas de presentación y reiterar la invitación a disfrutar de su lectura y aprender de ella.

Luis José Béjar Rivera

1.

MARCO TEÓRICO

1.1. Tipos de responsabilidad y aspectos generales

En la dogmática del derecho no es uniforme la aproximación al concepto de responsabilidad jurídica, que desde el derecho romano ha venido siendo debatida para determinar si estamos ante una simple obligación, un estado jurídico o ante un instituto que está cubierto por una coercibilidad y represión de actos, conductas y comportamientos que siendo reprochables merece ser objeto de sanción o de compensación. En ese sentido, se afirma que no «*existe una única definición del concepto jurídico fundamental de responsabilidad jurídica. Algunos, por ejemplo, la ven como una especie de obligación; otros, como un estado jurídico. Del análisis riguroso del lenguaje jurídico y del funcionamiento mismo del derecho, a partir de la coercibilidad que lo caracteriza y de las normas jurídicas deónticas que contiene, se llega a dos conclusiones: Primera, que responsabilidad jurídica, persona y sanción jurídica son conceptos jurídicos fundamentales interdependientes en su correcto funcionamiento; y segunda, que la forma más clara de entender la responsabilidad jurídica es concibiéndola como un estado jurídico en el que se encuentra aquella persona que está en posibilidad real de padecer una sanción jurídica entendida como acto coactivo limitante o eliminador de bienes jurídicos llevado a cabo por una autoridad con potestad y competencia para ello, como consecuencia de la realización fenomenológica de un acto ilícito.*» (Vélez Vélez, 2015).

De ahí que pueda hablarse en una estrecha tipología de la responsabilidad civil extracontractual y de la responsabilidad patrimonial del Estado (esta sigue los presupuestos y sustentos de la primera en su estructuración). En cuanto a la responsabilidad patrimonial de la Administración Pública su definición desde el emblemático caso «Blanco» de 1873 en Francia nos enseña que pretende delimitar el deber que tiene aquella de reparar los daños y perjuicios que ocasiona cuando de su actividad, actuar, desdoblamiento u omisión se concretan situaciones que siendo dañosas afectan a los administrados, u a otras administraciones públicas.

En este sentido, SÁNCHEZ MORÓN sostiene que «*la responsabilidad patrimonial de la Administración se podría definir de una forma simple como el deber legal de la Administración de reparar los daños y perjuicios causados a otros sujetos de Derecho, que deriven de sus actividades*» (SÁNCHEZ MORÓN, 2014).

En el derecho de la responsabilidad civil extracontractual se considera que esta comprende una obligación que tiene toda persona de indemnizar los daños y perjuicios ocasionados, como correlato del principio general del derecho según el cual para quien causa un daño surge la obligación de repararlo.

De acuerdo con PÉREZ FUENTES la «*razón en el derecho de la responsabilidad civil parte de su concepto considerando a la misma como la obligación que tiene una persona de indemnizar los daños y perjuicios que ha causado, el fundamento de la responsabilidad es el principio general de derecho: El que causa un daño a otro tiene la obligación de repararlo (…) Por su parte, los autores tradicionales habían considerado la responsabilidad civil como: a) La necesidad de reparar los daños y perjuicios causados a otros, por un hecho ilícito o por la creación de un riesgo, es el nombre que se le da a la obligación de indemnizar los daños y perjuicios causados por un hecho ilícito o por un riesgo creado*[1]*. b) La responsabilidad civil por hecho ilícito está relacionada con una conducta que consiste en restituir las cosas al estado que tenían y de no ser posible, en la restitución del detrimento patrimonial (daño y/o perjuicio) generado por una acción u omisión de quien lo cometió por sí mismo, o esa acción u omisión permitió que se causara el detrimento, por personas a su cuidado, o cosas que posee, y que originó con ello, la violación culpable de un deber jurídico stricto sensu, o de una obligación lato sensu previa, en cualquiera de sus dos especies*[2]*. c) Obligación impuesta por el derecho a una persona, de reparar el daño que ha sufrido otra, destacando el carácter legal de dicha obligación, entiéndase impuesta por la ley*[3]*.*» (PÉREZ FUENTES, 2018).

---

1 Bejarano Sánchez, Manuel; Obligaciones Civiles, 4ª edición, Editorial Oxford University, México, 1998, p. 238.

2 Gutiérrez y González, Ernesto, Derecho de Obligaciones, 12ª Edición, Editorial Porrúa, México, 1999, p. 562.

3 Cfr. Galindo Garfias, Ignacio; Teoría de las obligaciones; editorial Porrúa, México, 2003, p. 79.

Está claro que la responsabilidad es una institución que en términos generales se puede predicar de todos los sujetos de derechos, que implica un doble nivel, en el primero se comprende el derecho de reconocer que con los actos, conductas, comportamientos u omisiones se puede producir daños que se causan a otros y en el segundo se encuentra la aceptación de las consecuencias que se desprenden de los daños ocasionados, pero que cuando se compromete el ejercicio de las funciones públicas (en términos y alcance del artículo 209 de la Constitución Nacional), exige una adecuación en diferentes tipologías que pueden quedar expresadas desde la dimensión política, penal, administrativa, disciplinaria, civil y fiscal.

Cada una de estas tipologías representan una modulación del instituto de la responsabilidad en el ámbito del ejercicio de la función pública por todo sujeto que en ejercicio de esta debe responder con los mandatos constitucionales y legales, en especial en términos de los artículos 6, 124 y 209 de la Constitución Nacional. La primera de estas tipologías, la política, entraña que se examine y valore todas aquellas conductas que atentan contra el interés general que según la Constitución debe ser respetado y que se desdobla en las diferentes leyes (puede verse el alcance que tiene en la Ley 136 de 1994 y en las demás normas modificatorias o adicionales). En tanto que la responsabilidad penal se afirma de todo servidor público que incurra en un acto irregular que pueda llegar a ser adecuado típicamente como un hecho ilícito punible (v.gr. en el Código Penal las conductas en materia contractual en los artículos 410 y siguientes). La responsabilidad, así mismo, podrá ser disciplinaria cuando se está ante la inobservancia sustancial de los deberes y funciones de la calidad de servidor público (cuya matización está hoy en día acerca de su alcance respecto de los servidores públicos de elección popular en los términos de la sentencia de la Corte Interamericana de Derechos Humanos en el caso Petro Urrego vs Colombia de 8 de julio de 2020). Se opera, de otra parte, la responsabilidad civil cuando se trata de los actos irregulares del agente que causa daños a terceros y se define su sanción en las condiciones previstas en el derecho privado (v.gr. artículos 2341 y siguientes del Código Civil). Finalmente, se comprende la responsabilidad fiscal en aquellos eventos en los que se produce un daño de naturaleza económica o patrimonial a la administración pública por la indebida gestión administrativa, marcada en la actualidad por precisos conceptos de eficiencia económica y de sostenibilidad fiscal que deben ser respetados en la disposición de los recursos públicos (en los términos del artículo

267 de la Constitución Nacional). (Peláez Gutiérrez & Restrepo Medina, 2021).

En el tratamiento variado de las tipologías de responsabilidad, nos encontramos con la responsabilidad civil que en materia contractual opera, cuyo presupuesto básico radica en el incumplimiento de las obligaciones estipuladas en una relación negocial, lo que le distingue de la responsabilidad extracontractual (REGLERO CAMPOS, 2033) (Cámara Barroso, y otros, 2018) (MONTERROSO CASADO, 2015).

De acuerdo con GIL & PÉREZ el «*concepto de responsabilidad jurídica es uno de los más mencionados, usados y recurrentes en el Derecho. Incluso Kelsen (1982) se refirióì a la responsabilidad de la persona jurídica como un aspecto distinto a la obligación de la persona jurídica, en tanto esta sería una especie de obligación secundaria producto del incumplimiento de una primera obligación. Existen diferentes tipos de responsabilidad jurídica, según la obligación primaria de la que se deriva, encontrando, por ejemplo: responsabilidad civil, disciplinaria, penal y la que nos ocupa: la responsabilidad fiscal*» (Gil & Pérez, 2021).

Ahora bien, cabe precisar que la responsabilidad fiscal, en similares condiciones a como puede operar la disciplinaria, se orienta a la revisión de las actuaciones de todos aquellos sujetos que ejercen funciones administrativas, concentrada en el manejo eficiente, adecuado y razonable de los recursos públicos (Gil & Pérez, 2021), para lo que se dispone de principios y criterios normativos previamente establecidos, que pueda constituir un detrimento patrimonial por un actuar doloso o gravemente culposo.

La Ley 610 del año 2000 define en su artículo 4° que la «*responsabilidad fiscal tiene por objeto el resarcimiento de los daños ocasionados al patrimonio público como consecuencia de la conducta dolosa o culposa de quienes realizan la gestión fiscal, mediante el pago de una indemnización pecuniaria*». Se trata, pues, de una responsabilidad que recae sobre el sujeto que se comprende como gestor fiscal, gestión que en términos del artículo 3° de la mencionada ley significa «*el conjunto de actividades económicas, jurídicas y tecnológicas, que realizan los servidores públicos, tendientes a la adecuada y correcta adquisición, planeación, conservación, administración, custodia, explotación, enajenación, consumo, adjudicación, gasto, inversión y disposición de los bienes públicos, así como a la recaudación, manejo e inversión de sus rentas en orden a cumplir los fines esenciales del estado, con sujeción a los principios de legali-*

dad, eficiencia, economía, eficacia, equidad, imparcialidad, moralidad, transparencia, publicidad y valoración de los costos ambientales».

La responsabilidad fiscal está configurada para seguir a todo servidor público con el objeto de lograr que resarza los daños causados al patrimonio público, derivada de la conducta dolosa o culposa en la gestión fiscal que esta a su cargo, o con otras palabras, en el manejo o administración de los recursos o fondos de naturaleza pública, tal como lo determina el artículo 4° citado de la Ley 610 de 2000, con el que se procura la indemnización pecuniaria que compense el perjuicio sufrido por una determinada entidad estatal en la forma como se concibe por el artículo 267 de la Constitución Nacional (Torres Estepa, 2013).

Un matiz de relevancia jurídica de lo consagrado en la Ley 610 de 2000 es que la imputabilidad a título de culpa bastaba para afirmar la existencia de la culpa leve (parágrafo 2° del artículo 4°), de forma diferente a la culpa grave exigida por el artículo 90 de la Constitución Nacional, lo que llevó a plantear la duda acerca la constitucionalidad de este precepto, pero que se ha comprendido que la responsabilidad fiscal es una especie del género establecido en la norma constitucional (Torres Estepa, 2013).

La Corte Constitucional en su jurisprudencia ha sostenido que la finalidad de la responsabilidad fiscal (su propósito específico) es proteger y garantizar la integridad del patrimonio del Estado «*buscando la reparación de los daños que éste haya podido sufrir como consecuencia de la gestión irregular de quienes tienen a su cargo el manejo de dineros o bienes públicos -incluyendo directivos de entidades públicas, personas que adoptan decisiones relacionadas con gestión fiscal o con funciones de ordenación, control, dirección y coordinación, contratistas y particulares por razón de los perjuicios causados a los intereses patrimoniales del Estado*» (CORTE CONSTITUCIONAL, SENTENCIA C-619/02, 2002).

Para llegar a determinar la responsabilidad fiscal es esencial, siguiendo la jurisprudencia constitucional, que se comprenda el control fiscal que «*ya no se ejerce a partir del análisis numérico del gasto público sino que ahora vigila la gestión fiscal de la administración y de los particulares o entidades que manejen fondos o bienes públicos. Se ejerce en forma posterior y selectiva conforme a los procedimientos, sistemas y principios que establezca la ley. De acuerdo con este mandato, por ser posterior se realiza una vez se hayan ejecutado las distintas operaciones, actividades y procesos que serán objeto de control, y al ser selectivo, significa que no se revisan todas y cada una de las actuaciones administrativas por quienes realizan gestión fiscal, sino que utilizando la técnica del muestreo, se examina solamente un grupo representativo de operaciones, cuentas u otros procesos relacionados con el gasto público que, a juicio de las Contralorías, sea suficiente para extraer conclusiones sobre los asuntos atinentes al control fiscal*». Por lo que en concordancia con este control, la finalidad de la responsabilidad fiscal no es otra que la de «*resarcir el patrimonio público por los detrimentos causados por la conducta dolosa o culposa de los servidores públicos que tenga a su cargo la gestión fiscal. Sus características esenciales son las de ser una modalidad de responsabilidad autónoma e independiente, de carácter administrativo y de contenido patrimonial y resarcitorio*» (CORTE CONSTITUCIONAL. SENTENCIA C-648/02, 2002).

Así mismo, ha fijado como criterio jurisprudencial la Corte Constitucional que el «*fundamento de la imputación de la responsabilidad fiscal, es el mismo de la patrimonial por cuanto comparten sus elementos axiológicos. Se trata del elemento subjetivo derivado del dolo o la culpa grave del funcionario púbico o particular con incidencia en la gestión fiscal, ligado en forma específica a un «irregular desenvolvimiento de la gestión fiscal que se tenía a cargo» y que a su vez, haya propiciado un daño antijurídico para el patrimonio de la nación. De tal suerte que la imputación de la responsabilidad fiscal deriva de la existencia de un daño fiscal, antijurídico, sufrido por el Estado, por causa de una conducta atribuible al funcionario*» (CORTE CONSTITUCIONAL. SENTENCIA C-101/18, 2018).

1.2. Normatividad

La Constitución Política de Colombia en el título X (De los organismos de control), capítulo 1 (De la Contraloría General de la República), artículos 267 y 268 consagra las normas básicas que regulan a dicho organismos, sus funciones y las finalidades del control fiscal, lo que fue objeto de modificación por el Acto Legislativo 4 de 2019 en los siguientes términos:

> ***Artículo 267. <Artículo modificado por el artículo 1 del Acto Legislativo 4 de 2019. El nuevo texto es el siguiente>*** *La vigilancia y el control fiscal son una función pública que ejercerá la Contraloría General de la República, la cual vigila la gestión fiscal de la administración y de los particulares o entidades que manejen fondos o bienes públicos, en todos los niveles administrativos y respecto de todo tipo de recursos públicos. La Ley reglamentará el ejercicio de*

las competencias entre contralorías, en observancia de los principios de coordinación, concurrencia y subsidiariedad. El control ejercido por la Contraloría General de la República será preferente en los términos que defina la ley.

El control fiscal se ejercerá en forma posterior y selectiva, y además podrá ser preventivo y concomitante, según sea necesario para garantizar la defensa y protección del patrimonio público. El control preventivo y concomitante no implicará coadministración y se realizará en tiempo real a través del seguimiento permanente de los ciclos, uso, ejecución, contratación e impacto de los recursos públicos, mediante el uso de tecnologías de la información, con la participación activa del control social y con la articulación del control interno. La Ley regulará su ejercicio y los sistemas y principios aplicables para cada tipo de control.

El control concomitante y preventivo tiene carácter excepcional, no vinculante, no implica coadministración, no versa sobre la conveniencia de las decisiones de los administradores de recursos públicos, se realizará en forma de advertencia al gestor fiscal y deberá estar incluido en un sistema general de advertencia público. El ejercicio y la coordinación del control concomitante y preventivo corresponde exclusivamente al Contralor General de la República en materias específicas.

La vigilancia de la gestión fiscal del Estado incluye el seguimiento permanente al recurso público, sin oponibilidad de reserva legal para el acceso a la información por parte de los órganos de control fiscal, y el controlo financiero, de gestión y de resultados, fundado en la eficiencia, la economía, la equidad, el desarrollo sostenible y el cumplimiento del principio de valoración de costos ambientales. La Contraloría General de la República tendrá competencia prevalente para ejercer control sobre la gestión de cualquier entidad territorial, de conformidad con lo que reglamente la ley.

El control jurisdiccional de los fallos de responsabilidad fiscal gozará de etapas y términos procesales especiales con el objeto de garantizar la recuperación oportuna del recurso público. Su trámite no podrá ser superior a un año en la forma que lo regule la ley.

La Contraloriìa es una entidad de carácter técnico con autonomía administrativa y presupuestal. No tendrá funciones administrativas distintas de las inherentes a su propia organización y al cumplimiento de su misión constitucional.

El Contralor será elegido por el Congreso, por mayoría absoluta, en el primer mes de sus sesiones para un período igual al del Presidente de la República, de lista de elegibles conformada por convocatoria pública con base en lo dispuesto en el artículo 126 de la Constitución y no podrá ser reelegido ni continuar en ejercicio de sus funciones al vencimiento del mismo.

Sólo el Congreso puede admitir la renuncia que presente el Contralor y proveer las faltas absolutas y temporales del cargo mayores de 45 días.

Para ser elegido Contralor General de la República se requiere ser colombiano de nacimiento y en ejercicio de la ciudadanía; tener más de treinta y cinco años de edad; tener título universitario en ciencias jurídicas, humanas, económicas, financieras, administrativas o contables y experiencia profesional no menor a 5 años o como docente universitario por el mismo tiempo y acreditar las demás condiciones que exija la ley.

No podrá ser elegido Contralor General quien sea o haya sido miembro del Congreso o se haya desempeñado como gestor fiscal del orden nacional, en el año inmediatamente anterior a la elección. Tampoco podrá ser elegido quien haya sido condenado a pena de prisión por delitos comunes.

En ningún caso podrán intervenir en la postulación o elección del Contralor personas que se hallen dentro del cuarto grado de consanguinidad, segundo de afinidad y primero civil o legal respecto de los candidatos.

Artículo 268. <Artículo modificado por el artículo 2 del Acto Legislativo 4 de 2019. El nuevo texto es el siguiente> *El Contralor General de la República tendrá las siguientes atribuciones:*

1. *Prescribir los métodos y la forma de rendir cuentas los responsables del manejo de fondos o bienes de la nación e indicar los criterios de evaluación financiera, operativa y de resultados que deberán seguirse.*

2. *Revisar y fenecer las cuentas que deben llevar los responsables del erario y determinar el grado de eficiencia, eficacia y economía con que hayan obrado.*

3. *Llevar un registro de la deuda pública de la nación y de las entidades descentralizadas territorialmente o por servicios.*

4. *Exigir informes sobre su gestión fiscal a los empleados oficiales de cualquier orden y a toda persona o entidad pública o privada que administre fondos o bienes públicos.*
5. *Establecer la responsabilidad que se derive de la gestión fiscal, imponer las sanciones pecuniarias que sean del caso, recaudar su monto y ejercer la jurisdicción coactiva, para lo cual tendrá prelación.*
6. *Conceptuar sobre la calidad y eficiencia del control fiscal interno de las entidades y organismos del Estado.*
7. *Presentar al Congreso de la República un informe anual sobre el estado de los recursos naturales y del ambiente.*
8. *Promover ante las autoridades competentes, aportando las pruebas respectivas, investigaciones fiscales, penales o disciplinarias contra quienes presuntamente hayan causado perjuicio a los intereses patrimoniales del Estado. La Contraloriìa, bajo su responsabilidad podrá exigir, verdad sabida y buena fe guardada, la suspensión inmediata de funcionarios mientras culminan las investigaciones o los respectivos procesos fiscales, penales o disciplinarios.*
9. *Presentar proyectos de ley relativos al régimen del control fiscal y a la organización y funcionamiento de la Contraloriìa General.*
10. *Proveer mediante concurso público los empleos de carrera de la entidad creados por la ley. Esta determinará un régimen especial de carrera administrativa para la selección, promoción y retiro de los funcionarios de la Contraloriìa. Se prohíbe a quienes formen parte de las corporaciones que intervienen en la postulación y elección del Contralor, dar recomendaciones personales y políticas para empleos en ese ente de control.*
11. *Presentar informes al Congreso y al Presidente de la República sobre el cumplimiento de sus funciones y certificación sobre la situación de las finanzas del Estado, de acuerdo con la ley.*
12. *Dictar normas generales para armonizar los sistemas de control fiscal de todas las entidades públicas del orden nacional y territorial; y dirigir e implementar, con apoyo de la Auditoría General de la República, el Sistema Nacional de Control Fiscal, para la unificación y estandarización de la vigilancia y control de la gestión fiscal.*
13. *Advertir a los servidores públicos y particulares que administren recursos públicos de la existencia de un riesgo inminente en ope-*

raciones o procesos en ejecución, con el fin de prevenir la ocurrencia de un daño, a fin de que el gestor fiscal adopte las medidas que considere procedentes para evitar que se materialice o se extienda, y ejercer control sobre los hechos así identificados.

14. *Intervenir en los casos excepcionales previstos por la ley en las funciones de vigilancia y control de competencia de las Contralorías Territoriales. Dicha intervención podrá ser solicitada por el gobernante local, la corporación de elección popular del respectivo ente territorial, una comisión permanente del Congreso de la República, la ciudadanía mediante cualquiera de los mecanismos de participación ciudadana, la propia contraloría territorial o las demás que defina la ley.*

15. *Presentar a la Cámara de Representantes la Cuenta General del Presupuesto y del Tesoro y certificar el balance de la Hacienda presentado al Congreso por el Contador General de la Nación.*

16. *Ejercer, directamente o a través de los servidores públicos de la entidad, las funciones de policía judicial que se requieran en ejercicio de la vigilancia y control fiscal en todas sus modalidades. La ley reglamentará la materia.*

17. *Imponer sanciones desde multa hasta suspensión a quienes omitan la obligación de suministrar información o impidan u obstaculicen el ejercicio de la vigilancia y control fiscal, o incumplan las obligaciones fiscales previstas en la ley. Así mismo a los representantes de las entidades que, con dolo o culpa grave, no obtengan el fenecimiento de las cuentas o concepto o calificación favorable en los procedimientos equivalentes para aquellas entidades no obligadas a rendir cuenta, durante dos (2) períodos fiscales consecutivos.*

18. *Las demás que señale la ley.*

PARÁGRAFO TRANSITORIO. *La asignación básica mensual de los servidores de la Contraloría General de la República y su planta transitoria será equiparada a los de los empleos equivalentes de otros organismos de control del nivel nacional. Para la correcta implementación del presente acto legislativo, y el fortalecimiento del control fiscal, la ley determinará la creación del régimen de carrera especial de los servidores de las contralorías territoriales, la ampliación de la planta de personal, la incorporación de los servidores de la planta transitoria sin solución de continuidad y la modificación de la estructura orgánica y funcional de la Contraloría General de la Re-*

pública, garantizando la estabilidad laboral de los servidores inscritos en carrera pertenecientes a esa entidad y a contralorías territoriales intervenidas. Exclusivamente para los efectos del presente parágrafo y el desarrollo de este acto legislativo, otórguense precisas facultades extraordinarias por el término de seis meses al Presidente de la República para expedir decretos con fuerza de ley

Así mismo, el Congreso de la República expedirá, con criterios unificados, las leyes que garanticen la autonomía presupuestal y la sostenibilidad financiera y administrativa de los organismos de control fiscal territoriales y unas apropiaciones progresivas que incrementarán el presupuesto de la Contraloría General de la República durante las siguientes tres vigencias en 250.000, 250.000 y 136.000 millones de pesos respectivamente, las cuales serán incorporadas en los proyectos de ley de presupuesto anual presentados por el Gobierno Nacional, incluso aquellos que ya cursen su trámite en el Congreso de la República. Dichas apropiaciones no serán tenidas en cuenta al momento de decretar aplazamientos del Presupuesto General de la Nación.

En los siguientes cuatrienios dichas apropiaciones estarán de acuerdo con el marco fiscal de mediano plazo.»

En cuanto al segundo inciso del artículo 267 de la Constitución (modificado por el artículo 1° del Acto Legislativo 4 de 2019) la Corte Constitucional sostuvo que el modelo de control fiscal escogido en su momento por el artículo 5° de la Ley 42 de 1993 se caracterizaba *«por ser un esquema de «carácter posterior, selectivo, amplio e integral», que opera mediante la complementariedad de los mecanismos externos e internos de seguimiento a la actividad fiscal. El primero lo ejerce la Contraloría General de la República junto con las contralorías territoriales y, el segundo, cada entidad pública en consonancia con los parámetros y lineamientos de la entidad nacional. Este esquema se caracteriza por ser amplio, integral, complementario, posterior y selectivo»* (CORTE CONSTITUCIONAL. SENTENCIA C-140/20, 2020).

En tanto que en el nuevo diseño el control fiscal, a juicio de la Corte Constitucional, se desarrolla en *«momentos previos al perfeccionamiento de los contratos y al posible daño fiscal, de forma que el objeto de este control no se hace sobre los daños sino sobre los riesgos. Su finalidad no es la reparación del daño sino su prevención a través de advertencias al gestor fiscal para que se valoren las apreciaciones de la Contraloría General de la República en punto de una actividad que esta considere como riesgosa. Es menester regular las especificidades de ese control, para que el mismo se ejerza con valoraciones objetivas, mensurables, evidenciables y no apenas sobre pálpitos, pareceres subjetivos y unilaterales o simples arbitrariedades»* (CORTE CONSTITUCIONAL. SENTENCIA C-140/20, 2020).

Con base en este modelo, la Corte Constitucional considera que *«la intención del constituyente derivado fue complementar el sistema actual de control por considerarlo insuficiente y añadirle el modelo de control preventivo y concomitante ejercido a través del seguimiento constante y paralelo de la gestión fiscal, a partir de la función de advertencia, sin que ello implique coadministración, eliminando riesgos potenciales y daños previsibles. En tal medida se dejó claro que no se buscaba juzgar la actividad del gestor público, sino el prevenir el daño, a través de un mecanismo eficaz y legítimo para evitar que el gestor fiscal tome decisiones que vayan en contravía del erario»* (CORTE CONSTITUCIONAL. SENTENCIA C-140/20, 2020).

Por lo tanto, la variación del sistema de control fiscal con el Acto Legislativo 04 de 2019 tuvo un objetivo constitucionalmente ajustado y procurando hacerlo más eficiente *«concentrando parte de su actividad en la prevención de daños sobre los cuales se establece la existencia de un riesgo, de forma que el órgano de control pueda hacer el seguimiento de los procesos de contratación en curso y señalar al gestor fiscal cuando lo vea indispensable, los eventuales riesgos para que estos no se materialicen en daños contra el patrimonio público»* (CORTE CONSTITUCIONAL. SENTENCIA C-140/20, 2020).

Ahora bien, la Ley 610 de 15 de agosto de 2000 establece el trámite de los procesos de responsabilidad fiscal ante las contralorías, que se define den el artículo 1° de la siguiente manera:

> ***Artículo 1°. Definición.*** *El proceso de responsabilidad fiscal es el conjunto de actuaciones administrativas adelantadas por las Contralorías con el fin de determinar y establecer la responsabilidad de los servidores públicos y de los particulares, cuando en el ejercicio de la gestión fiscal o con ocasión de ésta, causen por acción u omisión y en forma dolosa o culposa un daño al patrimonio del Estado».*

La Corte Constitucional al examinar la exequibilidad de este precepto delimitó las siguientes cuestiones en cuanto a la gestión fiscal, el control fiscal, el proceso de responsabilidad fiscal, la finalidad de la responsabilidad fiscal y el daño fiscal:

> *«Con arreglo a la nueva Carta Política la gestión fiscal no se puede reducir a perfiles económico-formalistas, pues, en desarrollo de los*

mandatos constitucionales y legales el servidor público y el particular, dentro de sus respectivas esferas, deben obrar no solamente salvaguardando la integridad del patrimonio público, sino ante todo, cultivando y animando su específico proyecto de gestión y resultados. Proceder éste que por entero va con la naturaleza propia de las cosas públicas, por cuanto la efectiva realización de los planes y programas de orden socio-económico, a tiempo que se sustenta y fortalece sobre cifras fiscales, funge como expresión material de éstas y de la acción humana, por donde la adecuada preservación y utilización de los bienes y rentas del Estado puede salir bien librada a instancias de la vocación de servicio legítimamente entendida, antes que de un plano y estéril cumplimiento normativo, que no por obligatorio garantiza sin más la realización práctica de las tareas públicas. Se podría agregar que: el servidor público o el particular -dentro de una dimensión programática-, con apoyo en los bienes y fondos estatales puestos a su cuidado pueden alcanzar los objetivos y resultados de la gestión proyectada, al propio tiempo que dichos bienes y fondos despliegan su eficiencia económica manteniendo la integralidad patrimonial que la vida útil y la circulación monetaria les permite. Se trata de abogar por la integridad y fortalecimiento de un patrimonio público dinámico, eficiente y eficaz, en la senda de la gestión estatal que por principio debe privilegiar el interés general sobre el interés particular; lo que equivale a decir que: la mejor manera de preservar y fortalecer el patrimonio público se halla en la acción programática, que no en la mera contemplación de unos haberes «completos» pero inertes.

(...)

La esfera de la gestión fiscal constituye el elemento vinculante y determinante de las responsabilidades inherentes al manejo de fondos y bienes del Estado por parte de los servidores públicos y de los particulares. Siendo por tanto indiferente la condición pública o privada del respectivo responsable, cuando de establecer responsabilidades fiscales se trata.

(...)

(...) Por lo tanto, en cada caso se impone examinar si la respectiva conducta guarda alguna relación para con la noción específica de gestión fiscal, bajo la comprensión de que ésta tiene una entidad material y jurídica propia que se desenvuelve mediante planes de acción, programas, actos de recaudo, administración, inversión, disposición y gasto, entre otros, con miras a cumplir las funciones cons-

titucionales y legales que en sus respectivos ámbitos convocan la atención de los servidores públicos y los particulares responsables del manejo de fondos o bienes del Estado (…)

El objeto de la responsabilidad fiscal es el resarcimiento de los daños ocasionados al patrimonio público como consecuencia de la conducta dolosa o culposa de quienes realizan gestión fiscal, esa reparación debe enmendar integralmente los perjuicios que se hayan causado, esto es: incorporando el daño emergente, el lucro cesante y la indexación ha que da lugar el deterioro del valor adquisitivo de la moneda. En materia de responsabilidad fiscal está proscrita toda forma de responsabilidad objetiva.

(…)

Cuando el daño fiscal sea consecuencia de la conducta de una persona que tenga la titularidad para manejar los fondos o bienes del Estado materia del detrimento, procederá la apertura del correspondiente proceso de responsabilidad fiscal, sea que su intervención haya sido directa o a guisa de contribución. En los demás casos, esto es, cuando el autor o partícipe del daño al patrimonio público no tiene poder jurídico para manejar los fondos o bienes del Estado afectados, el proceso atinente al resarcimiento del perjuicio causado será otro diferente, no el de responsabilidad fiscal. La responsabilidad fiscal únicamente se puede pregonar respecto de los servidores públicos y particulares que estén jurídicamente habilitados para ejercer gestión fiscal, es decir, que tengan poder de decisorio sobre fondos o bienes del Estado puestos a su disposición. Advirtiendo que esa especial responsabilidad está referida exclusivamente a los fondos o bienes públicos que hallándose bajo el radio de acción del titular de la gestión fiscal, sufran detrimento en la forma y condiciones prescritos por la ley. La gestión fiscal está ligada siempre a unos bienes o fondos estatales inequívocamente estipulados bajo la titularidad administrativa o dispositiva de un servidor público o de un particular, concretamente identificados».

El Acto Legislativo 04 de 2019 se implementa con la expedición del Decreto 403 de 16 de marzo de 2020, en los siguientes términos:

Artículo 1. Objeto. Por medio del presente Decreto Ley se desarrollan las disposiciones de los artículos 267, 268, 271, 272 y 274 de la Constitución Política, modificados por el Acto Legislativo 04 de 2019, para el fortalecimiento del control fiscal, en especial, las siguientes materias: i) principios, sistemas, procedimientos y funciones de vigilancia y control fiscal, incluidas aquellas relacionadas con el proceso de responsabilidad fiscal y su cobro coactivo, ii) el control concomitante y preventivo, iii) el seguimiento permanente al recurso público, iv) la aplicación del control de resultados, el control de gestión y el control financiero, v) el acceso a la información, vi) las facultades sancionatorias y de policía judicial, vii) las competencias entre la Contraloría General de la República y contralorías territoriales, viii) la función de certificación de la Auditoría General de la República, ix) la intervención de la Contraloría General de la República en las funciones de las contralorías territoriales, x) la prelación de la jurisdicción coactiva y de los créditos derivados del ejercicio de la vigilancia y control fiscal, y xi) el control jurisdiccional de los fallos de responsabilidad fiscal.

PARÁGRAFO. *Las disposiciones del presente Decreto Ley y las que sean dictadas por el Contralor General de la República, en ejercicio de las facultades conferidas por el artículo 268 numeral 12 de la Constitución Política, primarán en materia de control fiscal sobre las que puedan dictar otros órganos de control fiscal.»*

El anterior marco normativo es el que regula el régimen de responsabilidad fiscal, el cual tiene las siguientes características.

1.3. Características de la responsabilidad fiscal

El proceso de responsabilidad fiscal se caracteriza singularmente porque (1) es autónomo e independiente, por lo que puede concurrir con otras modalidades de responsabilidad; (2) tiene una naturaleza administrativa que se desprende de la intervención de una autoridad pública (Contraloría), el incumplimiento de deberes o la comisión de conductas prohibidas que presuntamente lesionan el patrimonio público, que se encamina al resarcimiento del daño fiscal que se deduce de la declaratoria de responsabilidad, cuya decisión podrá ser sujeta al control ante la jurisdicción contenciosa administrativa; (3) su contenido es particularmente patrimonial, porque la decisión que se adopte se hace consistir en la reparación patrimonial que permita indemnizar el daño ocasionado por una ineficiente e indebida gestión fiscal (CarrenÞo Gaitán, 2018).

Se considera que la responsabilidad fiscal es de carácter patrimonial, por lo que su vocación es indemnizatoria y no sancionatoria, puesto que se persigue resarcir el detrimento que padece el Estado en el patrimonio público una vez se establezca que ha ocurrido una gestión fiscal irregular (Díaz-GranaDos Ortiz, 2014).

Es un proceso de responsabilidad cuya finalidad no es ni sancionatoria, ni penal, que siendo resarcitoria requiere la demostración de la existencia de un daño cierto, personal y directo, por lo que no se atiende a un objeto punitivo con el que se reprima una determinada conducta, lo que implica que no se sujeta a los principios del derecho administrativo sancionador, ni a las del derecho penal (Díaz-GranaDos Ortiz, 2014).

La responsabilidad fiscal es independiente y autónoma en los términos del parágrafo 1° del artículo 4° de la Ley 610 de 2000 (modificado por el artículo 124 del Decreto Ley 403 de 2020), por lo que podrá concurrir con otras tipologías de responsabilidad. Se trata de una responsabilidad que tiene sus propias reglas sustanciales y procesales, que una vez se adelante su trámite lleva a expedir actos administrativos que serán objeto de control, se reitera, ante la jurisdicción contenciosa administrativa. El rol que juega esta jurisdicción es esencial porque se orienta a determinar ante la concurrencia con otras responsabilidades que no se produzcan fallos de responsabilidad fiscal contradictorios pese a sustentarse en los mismos hechos (Díaz-GranaDos Ortiz, 2014).

Lo anterior se puede evidenciar cuando por ejemplo en los contratos estatales existe el incumplimiento que es imputable al contratista y con ocasión del proceso de responsabilidad fiscal se hace efectiva la cláusula penal, que permite en este la vinculación de la compañía de seguros. Es posible que por los mismos hechos se adelante ante la jurisdicción contenciosa administrativa un proceso en ejercicio del medio de control de controversias contractuales (en los términos del artículo 141 del Código de Procedimiento Administrativo y de lo Contencioso Administrativo -en adelante CPACA-), por lo que no puede llegarse a decisiones contradictorias en los dos procesos en curso, de ahí la importancia que la independencia y autonomía no pueda ser absoluta e irrazonable en el ejercicio de las potestades atribuidas para adelantar el proceso de responsabilidad fiscal (CORTE CONSTITUCIONAL. SENTENCIA C-840/01, 2001) (CORTE CONSTITUCIONAL. SENTENCIA C-619/02, 2002), así como comprender que la decisión que se adopte sobre la responsabilidad fiscal al poder someterse al control contencioso administrativo debe en función de los mismos hechos subordinarse al derecho que deba ser impartido por el juez administrativo (Díaz-GranaDos Ortiz, 2014).

La responsabilidad fiscal debe diferenciarse de la responsabilidad personal del servidor público que pueda ser encuadrada en la acción de repetición, en los términos del artículo 90, inciso 2° de la

Constitución Política y en la forma que se ha desarrollado por la Ley 678 de 2001 y el CPACA en su artículo 142. Lo anterior sin perjuicio de las pólizas de seguro que se han desarrollado en el mercado nacional que prevén para los servidores públicos la cobertura tanto de la responsabilidad fiscal, como de la personal (Díaz-GranaDos Ortiz, 2014).

Ahora bien, la responsabilidad fiscal es predicable de los servidores públicos y de los particulares que ejerzan la gestión fiscal y con la que produzcan daño al patrimonio público, por lo que se trata de un sujeto activo cualificado, porque debe ostentar la calidad de gestor fiscal, lo que implica que deben ser administradores de recursos públicos (Díaz-GranaDos Ortiz, 2014).

Se trata, además, de una responsabilidad subjetiva para cuya configuración se precisa que el servidor público o el particular en el ejercicio de la gestión fiscal esté incurso en una conducta o actuación dolosa o culposa, proscribiéndose todo tipo de responsabilidad objetiva, lo que ha sido considerado como criterio jurisprudencial vigente por la Corte Constitucional (CORTE CONSTITUCIONAL. SENTENCIA C-619/02).

De acuerdo con SÁNCHEZ TORRES el contenido del proceso de responsabilidad fiscal si bien debe operar como un trámite administrativo se estructura similarmente a un proceso judicial, lo que ocurre en otros procedimientos administrativos (SÁNCHEZ TORRES, 2004)

El artículo 53 de la Ley 610 de 2000 determina que el fallo con responsabilidad fiscal se profiere una vez se tiene prueba de la certeza de la existencia del daño al patrimonio público y de su cuantificación, así como de su individualización y actuación. Dicho fallo se comprende dentro de un acto administrativo que tiene fuerza ejecutoria y debe cumplirse, que según el artículo 59 de la misma norma podrá impugnarse ante la jurisdicción de lo contencioso administrativo (Díaz-GranaDos Ortiz, 2014).

La Corte Constitucional, siguiendo la jurisprudencia contenciosa administrativa del Consejo de Estado, considera que si *«bien la regulación del trámite de los procesos de responsabilidad fiscal consagrada en la Ley 42 de 1993 no señalaba expresamente que las acciones contencioso (sic) administrativas «solamente» procedían contra el acto administrativo con el cual concluía el mencionado procedimiento, tal era la posición usualmente asumida por el máximo tribunal de lo contencioso administrativo, al inadmitir las demandas que se intentaban contra los demás actos que se proferían dentro de dicho procedimiento. Sin embargo, ello no significa que tales actos (los de trámite) estuvieran exentos de control judicial, pues su legalidad se revisaba junto con la del acto definitivo. Así lo expresó el Consejo de Estado en varios de sus fallos, cuando al resolver demandas contra los actos que habían declarado responsable fiscalmente a los impugnantes estudiaba los posibles defectos de la actuación, de acurdo con los cargos formulados»* (CORTE CONSTITUCIONAL. SENTENCIA C-557/01, 2001).

Es relevante destacar que en el proceso de responsabilidad fiscal el artículo 44 de la Ley 610 de 2000 define la vinculación obligatoria a este de las aseguradoras. El mencionado precepto consagra:

> «*ARTÍCULO 44. VINCULACIÓN DEL GARANTE. Cuando el presunto responsable, o el bien o contrato sobre el cual recaiga el objeto del proceso, se encuentren amparados por una póliza, se vinculará al proceso a la compañía de seguros, en calidad de tercero civilmente responsable, en cuya virtud tendrá los mismos derechos y facultades del principal implicado.*
>
> *La vinculación se surtirá mediante la comunicación del auto de apertura del proceso al representante legal o al apoderado designado por éste, con la indicación del motivo de procedencia de aquella*».

La jurisprudencia constitucional señala que lo dispuesto por el legislador en la norma anterior se da en cumplimiento de los mandatos de interés general y social del Estado, teniendo en cuenta el rol del asegurador que es «*precisamente el de garantizar el pronto y efectivo pago de los perjuicios que se ocasionen al patrimonio público por el servidor público responsable de la gestión fiscal, por el contrato o el bien amparados por una póliza*». En ese sentido, siguiendo la jurisprudencia, la vinculación del asegurador además de lo señalado «*constituye una medida razonable, en ejercicio del amplio margen de configuración legislativa. Atiende los principios de economía procesal y de la función administrativa. Además, evita un juicio adicional para hacer efectivo el pago de la indemnización luego de la culminación del proceso de responsabilidad fiscal, con lo cual se logra, en atención de los principios que rigen la función administrativa, el resarcimiento oportuno del daño causado al patrimonio público*» (CORTE CONSTITUCIONAL. SENTENCIA C-648/02, 2002).

Dicha tesis fue ratificada por la jurisprudencia constitucional cuando se afirma que el «*papel que esta llamado a jugar el asegurador es precisamente el de garantizar el pronto y efectivo pago de los perjuicios que se ocasionen al patrimonio público por el servidor público responsable de la gestión fiscal, por el contrato o el bien amparados por una póliza»*, de ahí que cuando la norma permite la vinculación de la aseguradora como tercero civilmente responsable en los procesos de responsabilidad fiscal «*lo que está haciendo es atender el principio de economía procesal para asegurar el pago de la indemnización evitando un juicio adicional para hacer efectivo el pago de la misma luego de la culminación del proceso de responsabilidad fiscal, con lo cual se logra, en atención de los principios que rigen la función administrativa, el resarcimiento del daño causado al patrimonio público*» (CORTE CONSTITUCIONAL. SENTENCIA C-735/03, 2003).

En la redacción normativa existe una imprecisión conceptual puesto que la aseguradora no podría constituirse en tercero civilmente responsable puesto que no responde por los actos de los funcionarios o particulares que ejercen la gestión fiscal de los recursos públicos, sino que la fuente de la obligación radica en el contrato de seguro. (Díaz-GranaDos Ortiz, 2014).

De ahí que la lectura adecuada de este precepto (artículo 44 de la Ley 610 de 2000) debe plantearse en el sentido de considerar la existencia de dos obligaciones con diferente origen y alcance: la primera es la de resarcimiento en cabeza del responsable fiscal y la segunda es la del asegurador cuyo nacimiento está en el contrato de seguro, sin que pueda afirmarse de ninguna forma la solidaridad en los términos del artículo 1568 del Código Civil.

Ahora bien, debe destacarse que el proceso de responsabilidad fiscal se caracteriza porque en este se debe salvaguardar todas las garantías sustanciales y procesales que informan y respetan el debido proceso[4] (Calero, y otros, 2020).

[4] «(...) a) Es un proceso de naturaleza administrativa, en razón de su propia materia, como es el establecimiento de la responsabilidad que corresponde a los servidores públicos o a los particulares que ejercen funciones públicas, por el manejo irregular de bienes o recursos públicos. Su conocimiento y trámite corresponde a autoridades administrativas, como son: la Contraloría General de la República y las contralorías, departamentales y municipales. b) La responsabilidad que se declara a través de dicho proceso es esencialmente administrativa, porque juzga la conducta de un servidor público, o de una persona que ejerce funciones públicas, por el incumplimiento de los deberes que les incumben, o por estar incursos en conductas prohibidas o irregulares que afectan el manejo de los bienes o recursos públicos y lesionan, por consiguiente, el patrimonio estatal. Dicha responsabilidad es, además, patrimonial, porque como consecuencia de su declaración, el imputado debe resarcir el daño causado por la gestión fiscal irregular, mediante el pago de una indemnización pecuniaria, que compensa el perjuicio sufrido por la respectiva entidad estatal.(...)c) Dicha responsabilidad no tiene un carác-

En la jurisprudencia constitucional se considera que el proceso de responsabilidad fiscal opera como una facultad complementaria a aquella de control y vigilancia fiscalizadora que ejercen los órganos de control fiscal con la finalidad de determinar la responsabilidad de los servidores públicos y de los particulares que en ejercicio de la gestión fiscal producen daños al patrimonio público (CORTE CONSTITUCIONAL. SENTENCIA C-019/02, 2002).

Con base en los anteriores argumentos, puede afirmarse que el proceso de responsabilidad fiscal es aquel de naturaleza declarativa (Ruiz Orejuela, 2010), que siguiendo la jurisprudencia constitucional presenta las siguientes características: «*a) ser de naturaleza administrativa, por estar orientado hacia al establecimiento de la responsabilidad de los servidores públicos o a los particulares que ejercen funciones públicas, por el manejo irregular de bienes o recursos públicos; b) es igualmente de naturaleza patrimonial, porque como consecuencia de su declaración, el imputado debe resarcir el daño causado por la gestión fiscal irregular, mediante el pago de una indemnización pecuniaria, que compensa el perjuicio sufrido por la respectiva entidad estatal; c) no tiene un carácter sancionatorio ni penal, siendo en consecuencia una responsabili-*

ter sancionatorio, ni penal ni administrativo (parágrafo art. 81, ley 42 de 1993). En efecto, la declaración de responsabilidad tiene una finalidad meramente resarcitoria, pues busca obtener la indemnización por el detrimento patrimonial ocasionado a la entidad estatal. Es, por lo tanto, una responsabilidad independiente y autónoma, distinta de la disciplinaria o de la penal que pueda corresponder por la comisión de los mismos hechos. En tal virtud, puede existir una acumulación de responsabilidades, con las disciplinarias y penales, aunque se advierte que, si se percibe la indemnización de perjuicios dentro del proceso penal, no es procedente al mismo tiempo obtener un nuevo reconocimiento de ellos a través de dicho proceso, como lo sostuvo la Corte en la sentencia C-046/94.d) En el trámite del proceso en que dicha responsabilidad se deduce se deben observar las garantías sustanciales y procesales que informan el debido proceso, debidamente compatibilizadas con la naturaleza propia de las actuaciones administrativas, que se rigen por reglas propias de orden constitucional y legal, que dependen de variables fundadas en la necesidad de satisfacer en forma urgente e inmediata necesidades de interés público o social, con observancia de los principios de igualdad, moralidad, eficacia, economía, celeridad, imparcialidad y publicidad (art. 209 C.P.), a través de las actividades propias de intervención o de control dela actividad de los particulares o del ejercicio de la función y de la actividad de policía o de lasque permiten exigir responsabilidad a los servidores públicos o a los particulares que desempeñan funciones públicas. En tal virtud, la norma del art. 29 de la Constitución, es aplicable al proceso de responsabilidad fiscal, en cuanto a la observancia de las siguientes garantías sustanciales y procesales: legalidad, juez natural o legal (autoridad administrativa competente),favorabilidad, presunción de inocencia, derecho de defensa, (derecho a ser oído y a intervenir en el proceso, directamente o a través de abogado, a presentar y controvertir pruebas, a oponerla nulidad de las autoridades con violación del debido proceso, y a interponer recursos contrala decisión condenatoria), debido proceso público sin dilaciones injustificadas, y a no ser juzgado dos veces por el mismo hecho. (...) « Ibídem pp. 10-12.

dad independiente y autónoma, distinta de la disciplinaria o de la penal que pueda corresponder por la comisión de los mismos hechos; d) está regido por el debido proceso, o sea, en el juicio de responsabilidad fiscal también se deben observar las garantías sustanciales y procesales» (CORTE CONSTITUCIONAL. SENTENCIA C-077-07, 2007).

Después de examinar las características del proceso de responsabilidad fiscal ahora revisaremos los elementos de la responsabilidad fiscal.

2.

ELEMENTOS DE LA RESPONSABILIDAD FISCAL

2.1. Conducta (culpa grave o dolo)

En el ordenamiento jurídico colombiano puede afirmarse que la descripción de la conducta para efectos de la responsabilidad fiscal es amplía y puede comprender un cierto vacío, dado que la Ley 610 de 2000 no hizo una definición del dolo y culpa. En cuanto a la culpa, la jurisprudencia de la Corte Constitucional consideró que la responsabilidad fiscal por culpa leve era inconstitucional, de manera que sólo queda en el sistema legal aquella por culpa grave[5] (Gómez Lee, 2021).

La configuración dada por la jurisprudencia constitucional se ratificó después en la legislación en normas como la Ley 1474 de 2011 (Ley anticorrupción) en cuyo artículo 118 determina la culpabilidad en los procesos de responsabilidad fiscal de la siguiente forma:

> *«ARTÍCULO 118. DETERMINACIÓN DE LA CULPABILIDAD EN LOS PROCESOS DE RESPONSABILIDAD FISCAL. El grado de culpabilidad para establecer la existencia de responsabilidad fiscal será el dolo o culpa grave.*
>
> *Se presumirá que el gestor fiscal ha obrado con dolo cuando por los mismos hechos haya sido condenado penalmente o sancionado disciplinariamente por la comisión de un delito o una falta disciplinaria imputados a ese título.*

---

[5] En relación con el grado de culpabilidad en materia de responsabilidad fiscal, la Corte Constitucional en la sentencia C-619 de 2002 con ponencia de los magistrados Jaime Córdoba Triviño y Rodrigo Escobar Gil, señaló que «...el criterio de imputación a aplicar en el caso de la responsabilidad fiscal no puede ser mayor al que el constituyente fijó para la responsabilidad patrimonial del funcionario frente al Estado, pues se estaría aplicando un trato diferencial de imputación por el solo hecho de que a la declaración de responsabilidad se accede por distinta vía». Por ello solo responde a título de dolo y culpa grave. CORTE CONSTITUCIONAL. Sentencia C-619 de 2002, M.P.(s) Jaime Córdoba Triviño y Rodrigo Escobar Gil.

Se presumirá que el gestor fiscal ha obrado con culpa grave en los siguientes eventos:

a) Cuando se hayan elaborado pliegos de condiciones o términos de referencia en forma incompleta, ambigua o confusa, que hubieran conducido a interpretaciones o decisiones técnicas que afectaran la integridad patrimonial de la entidad contratante;

b) Cuando haya habido omisión injustificada del deber de efectuar comparaciones de precios, ya sea mediante estudios o consultas de las condiciones del mercado o cotejo de los ofrecimientos recibidos y se hayan aceptado sin justificación objetiva ofertas que superen los precios del mercado;

c Cuando se hayan omitido el cumplimiento de las obligaciones propias de los contratos de interventoría o de las funciones de supervisión, tales como el adelantamiento de revisiones periódicas de obras, bienes o servicios, de manera que no se establezca la correcta ejecución del objeto contractual o el cumplimiento de las condiciones de calidad y oportunidad ofrecidas por los contratistas;

d) Cuando se haya incumplido la obligación de asegurar los bienes de la entidad o la de hacer exigibles las pólizas o garantías frente al acaecimiento de los siniestros o el incumplimiento de los contratos;

e) Cuando se haya efectuado el reconocimiento de salarios, prestaciones y demás emolumentos y haberes laborales con violación de las normas que rigen el ejercicio de la función pública o las relaciones laborales».

La Corte Constitucional al examinar la constitucionalidad del anterior precepto consideró que al «*analizar el artículo 118 de la Ley 1474 de 2011, a la luz de las reglas aplicables a las presunciones legales, a las presunciones de dolo y de culpa y a las presunciones de dolo y de culpa en el proceso de responsabilidad fiscal, en tanto proceso de responsabilidad patrimonial, y al analizar la presunción de inocencia, el principio de buena fe y la regla sobre antecedentes penales y contravencionales del artículo 248 de la Constitución*», encontró que su propósito es «*dar seguridad a situaciones relevantes, como son las previstas en el artículo*», para de esta manera «*proteger bienes jurídicos valiosos como son salvaguardar el patrimonio público, garantizar la transparencia y el acatamiento de los principios de moralidad administrativa en las operaciones relacionadas con el manejo y uso de los bienes y los recursos públicos, y verificar la eficiencia y eficacia de la administración para cumplir los fines del Estado, de manera acorde con la lógica y con la experiencia*» (CORTE CONSTITUCIONAL. SENTENCIA C-512/13, 2013).

Asimismo, el artículo 124 del Decreto Ley 403 de 2020 al modificar el artículo 4° de la Ley 610 de 2000 se refiere a las conductas dolosas o gravemente culposas de los que ejercen la gestión fiscal, así como de los «*servidores públicos o particulares que participen, concurran, incidan o contribuyan directa o indirectamente en la producción de los mismos*».

En todo caso, como la Ley 610 de 2000, la Ley 1474 de 2011 y el Decreto Ley 403 de 2020 no definen la modulación de la culpa que pueda afirmarse las conductas que pueden ser objeto de la responsabilidad fiscal, se puede acudir a lo consagrado en el derecho civil en cuanto a la culpa y al derecho penal en lo atinente al dolo (Gómez Lee, 2021). Sin embargo, en la concepción de la doctrina especializada el dolo y la culpa se configuran como criterios de imputación en la responsabilidad fiscal. De ahí que se sostenga que «*será necesario que el operador jurídico, en cada caso, realice una aproximación a la definición o a la concepción de estas nociones, con la finalidad de determinar en qué momento se está ante una conducta dolosa o gravemente culposa. La conducta en la RF tiene así uno de los vacíos más protuberantes*»[6] (Gómez Lee, 2021).

Ahora bien, debe tratarse de una conducta antijurídica, o que la acción le sea imputable al sujeto que ejerce la gestión fiscal, lo que está relacionado con la facultad o atribución que desempeña funcional, reglamentaria o contractual el servidor público o particular, con la que provoca u ocasiona el daño patrimonial a los bienes o fondos públicos (Peláez Gutiérrez & Restrepo Medina, 2021).

De ahí, pues, que no es suficiente que en la ejecución del gasto público se apegue al ordenamiento jurídico presupuestal y contractual en vigencia, sino que en la doctrina especializada se requiere que haya una adecuación a los objetivos que hacen parte de los planes de desarrollo y de acción, que deben ser concretados por cada entidad pública ejecutora (Peláez Gutiérrez & Restrepo Medina, 2021). En esta línea, los autores citados sostienen que si «*el gasto, así*

---

6 Desde 2019, Jorge Sebastián Castro Forero, candidato a magíster en derecho de la Universidad Externado de Colombia, viene adelantando una investigación sobre el elemento subjetivo de la responsabilidad fiscal, especialmente el elemento de la culpa. En esa investigación se plantea si la culpa grave en la responsabilidad fiscal colombiana, después de la Constitución Política de 1991, es una garantía constitucional consolidada.

resulte ajustado a la legalidad en el examen que de él se realice, no cumple con los fines a los cuales debe estar destinado, como la prevalencia de la inversión social, puede llegar a derivar en una declaración de responsabilidad fiscal si concurre junto con la afectación inadecuada del tesoro público, por una ineficaz o ineficiente gestión fiscal, la imputación de un actuar doloso o cuando menos culposo de los respectivos administradores de la cosa pública. Esta aproximación implica, por consiguiente, que la valoración de los hechos y sus consecuencias jurídicas desde la perspectiva fiscal involucra no solamente a quienes figuren como autores materiales de las decisiones cuestionadas, sino, también, a quienes hayan obrado como determinadores de las mismas. Ahora bien, es incontrovertible que esta especie de responsabilidades de carácter subjetivo y, por ende, para deducirla, es menester determinar si el implicado obró con dolo o con culpa» (Peláez Gutiérrez & Restrepo Medina, 2021).

Pero, ¿qué comprende la conducta objeto de la responsabilidad fiscal? Para responder este interrogante es importante tener claro que se debe tratar tanto de una acción, como de una omisión en la que incurre el servidor público o una persona (natural o jurídica) que en ejercicio de la gestión fiscal produce un daño o lesión al patrimonio público del Estado (Gómez Buitrago, 2017).

Debe tratarse, además, de una acción u omisión que sea relevante jurídicamente, por lo que debe alcanzar el grado de dolosa o gravemente culposa, como título de imputación del que se pueda hacer desprender la responsabilidad fiscal, por lo menos en los términos del artículo 118 de la Ley 1474 de 2011 y en concordancia con el artículo 124 del decreto Ley 403 de 2020.

Como quedo recogido en párrafos anteriores al citar el artículo 118 de la Ley 1474 de 2011, existe un mínimo catálogo de situaciones en las que puede encuadrarse la conducta culposa grave, para efectos de la responsabilidad fiscal:

- «*Cuando se hayan elaborado pliegos de condiciones o términos de referencia en forma incompleta, ambigua o confusa, que hubieran conducido a interpretaciones o decisiones técnicas que afectaran la integridad patrimonial de la entidad contratante.*
- *Cuando haya habido una omisión injustificada del deber de efectuar comparaciones de precios, ya sea mediante estudios o consultas de las condiciones del mercado o cotejo de los ofrecimientos recibidos y se hayan aceptado sin justificación objetiva ofertas que superen los precios del mercado.*

- *Cuando se haya omitido el cumplimiento de las obligaciones propias de los contratos de interventoría o de las funciones de supervisión, tales como el adelantamiento de revisiones periódicas de obras, bienes o servicios, de manera que no se establezca la correcta ejecución del objeto contractual o el cumplimiento de las condiciones de calidad y oportunidad ofrecidas por los contratistas.*
- *Cuando se haya incumplido la obligación de asegurar los bienes de la entidad o la de hacer exigibles las pólizas o garantías frente al acaecimiento de los siniestros o el incumplimiento de los contratos.*
- *Cuando se haya efectuado el reconocimiento de salarios, prestaciones y demás emolumentos y haberes laborales con violación de las normas que rigen el ejercicio de la función pública o las relaciones laborales»* (Gómez Buitrago, 2017).

Por el contrario, el mismo artículo 118 de la Ley 1474 de 2011 no ofrece la descripción o delimitación de las conductas en las que podría adecuarse el dolo, por lo que se hace necesario acudir a lo que de esta figura jurídica se delimita en la legislación penal o disciplinaria[7] (Gómez Buitrago, 2017).

Es importante resaltar que en todos estos supuestos de hecho se comprende una presunción que es legal o «iuris tantum», que admite en toda ocasión prueba en contrario, cuya carga de la prueba está en cabeza del imputado, por lo que todas aquellas situaciones no configuradas en el precepto mencionado requieren de la carga de demostración por parte del Estado, dado que es este el que debe desvirtuar la presunción de inocencia que se desprende de lo previsto en el artículo 29[8] de la Constitución Política (Gómez Buitrago, 2017).

Es importante, también, tener en cuenta que la Corte Constitucional en la sentencia C-619 de 2002 fijó como criterio jurisprudencial

7 Ley 599 de 2000 Por la cual se expide el Código Penal. Artículo 22. Dolo. La conducta es dolosa cuando el agente conoce los hechos constitutivos de la infracción penal y quiere su realización. También será dolosa la conducta cuando la realización de la infracción penal ha sido prevista como probable y su no producción se deja librada al azar.

8 Constitución Política de Colombia de 1991. Artículo 29. (...) Toda persona se presume inocente mientras no se la haya declarado judicialmente culpable. Quien sea sindicado tiene derecho a la defensa y a la asistencia de un abogado escogido por él, o de oficio, durante la investigación y el juzgamiento; a un debido proceso público sin dilaciones injustificadas; a presentar pruebas y a controvertir las que se alleguen en su contra; a impugnar la sentencia condenatoria, y a no ser juzgado dos veces por el mismo hecho. Es nula, de pleno derecho, la prueba obtenida con violación del debido proceso.

que la responsabilidad fiscal que se pueda deducir se sustenta en la acción u omisión del gestor fiscal que presuntamente se produjo por culpa grave, encuadrada en lo consagrado por el artículo 63 del Código Civil, esto es, como aquella en la que ni siquiera una persona descuida incurriría (Gil & Pérez, 2021).

En la doctrina del derecho civil a la culpa grave se entiende como una imprudencia o error que se explica solamente por la temeridad del agente, como expresión de una diligencia disminuida, por lo que al gestor fiscal se le pide que sus actuaciones estén sujetadas a unos mínimos de cuidado (Gil & Pérez, 2021).

En la doctrina especializada GIL & PÉREZ sostienen que la «*culpa puede a su vez ser clasificada como culpa normativa cuando se materializa en la trasgresión u omisión de una norma; culpa imprudente cuando se desatiende el deber general de prudencia; finalmente culpa por impericia cuando consiste en una actuación contraria a aquella pericia que se espera de quien ejerce una profesión u oficio (cuando se trata de una profesión que requiere licencia para su ejercicio, si la persona tiene la licencia surge la presunción de la pericia si actúa sin ella se presume la impericia) (Tamayo, 2007)*» (Gil & Pérez, 2021).

Cuando se trata de la responsabilidad fiscal se indaga y afirma la que puede caber respecto de lo hechos propios o los de un tercero, de ahí que se considere que las «*personas son responsables no solo de sus actos; sino también de los de aquellos que estuvieron bajo su cuidado. Este tipo de responsabilidad es la base para que se pueda vincular a la autoridad nominadora. Es decir que quien elige o delega, no pierde en ningún momento la obligación de vigilar, asíì como también es responsable por escoger a quien no tiene las competencias para desarrollar la tarea asignada. Tratándose del interventor contractual, si bien cumple tareas de vigilancia su responsabilidad se erige a partir de la prueba de la falla de sus obligaciones propias del negocio jurídico (esto es a sus obligaciones y deberes) y no solo porque el contratista haya ocasionado un daño*» (Gil & Pérez, 2021).

Finalmente, se precisa que las presunciones establecidas en la Ley 1474 de 2011 no abren la posibilidad para la aplicación de ninguna responsabilidad objetiva en materia fiscal, sino que la redacción del artículo 118 procura una inversión de la carga de la prueba, o un aligeramiento de la carga probatoria respectiva (Gil & Pérez, 2021).

Revisada la culpa como elemento dentro del juicio de responsabilidad fiscal, ahora procede revisar el daño patrimonial.

2.2. Daño patrimonial al Estado

Como se exige en el instituto de la responsabilidad, aplicado entonces para la responsabilidad fiscal, es el daño el fundamento sine qua non o esencial para exigirla, entendido como toda «»*alteración negativa de un estado de cosas existente*»[9], *es decir, como cualquier consecuencia desfavorable que afecte una situación o estado anterior. Ese menoscabo o perjuicio es susceptible de reparación para aquel que con su acción u omisión lo haya propiciado, quien, además, podrá responder penal, fiscal o disciplinariamente si con su conducta se transgredieron las normas aplicables en esas materias*» (Calero, y otros, 2020).

Es el daño toda aquella consecuencia lesiva que deviene de un acto u omisión que genera afectación en los intereses de una persona o de una entidad pública, tanto en la esfera patrimonial como extrapatrimonial, que no se está en la obligación jurídica de soportar (CORTE CONSTITUCIONAL. SENTENCIA C-333/96, 1996). En la noción clásica el daño comprende «*todo menoscabo que a consecuencia de un acontecimiento o evento determinado sufre una persona ya en sus bienes vitales o naturales, ya en su propiedad o en su patrimonio (...)*»[10]" (Calero, y otros, 2020).

En su obra de «El Daño» DE CUPIS lo define como todo «*nocimiento o perjuicio, es decir, aminoración o alteración de una situación más favorable (...)*»[11]. *El cual está compuesto no sólo de una identidad física, sino que el mismo puede integrar un fenómeno jurídico, es decir, susceptible o sujeto a ser calificado. Lo que significa que no importa que el daño aparezca como un hecho jurídico, dado a que aquél no pierde*

[9] HENAO, Juan Carlos. «El daño: Análisis comparativo de la responsabilidad extracontractual del Estado en derecho colombiano y francés». Ed. Universidad Externado de Colombia, Bogotá D.C., Segunda reimpresión, 2007. P. 84. Adicionalmente, en ese texto se desarrollan las siguientes definiciones de daño, las que resultan clarificadoras sobre el tema, a saber: «(...) Veamos algunas definiciones sobre el punto. Para De Cupis, «daño no significa más que nocimiento o perjuicio, es decir, aminoración o alteración de una situación favorable». Para el tratadista Hinestrosa, «daño es la lesión del derecho ajeno consistente en el quebranto económico recibido en la merma patrimonial sufrida por la víctima, a la vez que el padecimiento moral que la acongoja». (...) A su turno, Escobar Gil escribe que «en el lenguaje corriente la expresión daño significa todo detrimento, menoscabo o perjuicio que a consecuencia de un acontecimiento determinado experimenta una persona en sus bienes espirituales, corporales o patrimoniales, sin importar que la causa sea un hecho humano, inferido por la propia víctima o por un tercero, o que la causa sea un hecho de la naturaleza» (...)».

[10] Larenz. Derecho de obligaciones. trad. esp. Y notas Satos Briz. T. I. Madrid: 1958. pág. 193.Tomado a su vez de Vicente Domingo. El daño. en Tratado de responsabilidad Civil, Reglero Campos. L. F (coord.). T I, Ed. Aranzadi, Pamplona, 2008.

[11] De Cupis, A. el daño. Teoría de la responsabilidad civil. traducción de la segunda edición italiana y estudio preliminar por Martínez Sarrión. p. 129. Ed Bosh, Barcelona, p. 81.

su propia esencia física, porque se le haya agregado un componente jurídico» (Calero, y otros, 2020).

Pero este daño sobre el que nos estamos refiriendo, acudiendo a la doctrina clásica, no es el que abre la posibilidad para obligar al resarcimiento a la persona que lo causa, sino que debe ser aquel que pueda calificarse de antijurídico, cuyas características o atributos generales son que este sea cierto, personal y directo[12] (Calero, y otros, 2020), que como lo recoge la doctrina especializada al «*respecto, MAZEUD conceptúo que se debía tener un interés: «(...) 'donde no hay interés, no hay acción'. Una vez establecido el principio, ha surgido el esfuerzo para calificar ese interés que es necesario para dirigirse a los tribunales: debe ser cierto, debe ser personal. Pero se agrega: debe ser 'legítimo y jurídicamente protegido' (...)*[13]" (Calero, y otros, 2020).

En la vigente jurisprudencia del Consejo de Estado se afirma que el daño antijurídico es aquel «*que la víctima que lo reclama haber padecido no está en el deber jurídico de soportar, pues no existe causal que justifique la producción del mismo, razón por la cual deviene en una lesión patrimonial injusta*» (CONSEJO DE ESTADO, SENTENCIA DE 22 DE NOVIEMBRE DE 2021, 2021) (CONSEJO DE ESTADO. SENTENCIA DE 22 DE NOVIEMBRE DE 2021, 2021). Asimismo, se considera por la jurisprudencia que el daño antijurídico puede constituir «*una afectación particular y grave que deba ser indemnizada por el Estado*» (CONSEJO DE ESTADO. SENTENCIA DE 18 DE NOVIEMBRE DE 2021, 2021).

Pero también ha afirmado la vigente jurisprudencia del Consejo de Estado que de la cláusula general de responsabilidad consagrada en el artículo 90 de la Constitución Política que reivindica al daño como elemento esencial, se entiende como «*la afectación, vulneración o lesión a un interés legítimo y lícito*», que se «*convirtió en el eje central de la obligación resarcitoria*», por lo que el «*daño injusto o antijurídico -damnum iniura datum- para que exista tiene que verificarse en dos dimensiones: la primera, que la lesión recaiga sobre una situación*

[12] En este sentido, el profesor Tamayo Jaramillo expresa que: «(...) En cuanto a las condiciones del perjuicio indemnizable, decimos que este debe ser cierto (sec.I); y la persona que reclamala indemnización debe ser la misma que resultó perjuidicada (...) (...) finalmente, el beneficiomoral o económico que se ve disminuido o suprimido debe estar protegido por el orden jurídico, si es que se pretende obtener su reparación. (...)» Tamayo Jaramillo, Javier. Tomo IITratado de Responsabilidad Civil, 7ª Edición. Editorial Legis, Bogotá, 2013, P. 335

[13] Mazeaud, Henri. Lecciones de derecho civil. Parte Primera. Introducción al estudio del derechoprivado, derecho objetivo y derechos subjetivos, Zamora Y Castillo, Luis Alcalá (trad.), Ediciones Jurídicas Europa-América, Buenos Aires, 1959, p. 510.

jurídica y protegida -damnum contra ius- y, la segunda, que esa afectación no se concrete en virtud de un derecho o potestad otorgada por el ordenamiento -damnum non iure» (CONSEJO DE ESTADO. SENTENCIA DE 8 DE NOVIEMBRE DE 2021, 2021)

Por lo tanto, es el daño elemento esencial en la configuración de la responsabilidad fiscal, de ahí que el artículo 126 del Decreto Ley 403 de 2020 (que modificó el artículo 6° de la Ley 610 de 2000) define el daño patrimonial al Estado como la «*lesión del patrimonio público, representada en el menoscabo, disminución, perjuicio, detrimento, pérdida, o deterioro de los bienes o recursos públicos, o a los intereses patrimoniales del Estado, producida por una gestión fiscal antieconómica, ineficaz, ineficiente, e inoportuna, que en términos generales, no se aplique al cumplimiento de los cometidos y de los fines esenciales del Estado, particularizados por el objetivo funcional y organizacional, programa o proyecto de los sujetos de vigilancia y control de los órganos de control fiscal. Dicho daño podrá ocasionarse como consecuencia de la conducta dolosa o gravemente culposa de quienes realizan gestión fiscal o de servidores públicos o particulares que participen, concurran, incidan o contribuyan directa o indirectamente en la producción del mismo*» (Calero, y otros, 2020).

En la doctrina se considera que de «*acuerdo con el artículo 126 del Decreto 403 de 2020, que atiende al resultado del control de constitucionalidad realizado sobre el artículo 6o de la Ley 610 de 2000 (Corte Constitucional, 2007),se entiende por daño patrimonial al Estado la lesión del patrimonio público, representada en el menoscabo, disminución, perjuicio, detrimento, pérdida, o deterioro de los bienes o recursos públicos, o a los intereses patrimoniales del Estado, producida por una gestión fiscal antieconómica, ineficaz, ineficiente, e inoportuna, que en términos generales, no se aplique al cumplimiento de los cometidos y de los fines esenciales del Estado, particularizados por el objetivo funcional y organizacional, programa o proyecto de los sujetos de vigilancia y control de los órganos de control fiscal. Agrega la normativa vigente que dicho daño podrá ocasionarse como consecuencia de la conducta dolosa o gravemente culposa de quienes realizan gestión fiscal o de servidores públicos o particulares que participen, concurran, incidan o contribuyan directa o indirectamente en la producción del mismo, redacción que precisa el alcance que traía el régimen anterior, que aludía a la atribución como autor del daño al servidor público o a la persona natural o jurídica de derecho privado que dolosa o culposamente produjera directamente o contribuyera al detrimento al patrimonio público. Esas distintas posibilidades de afectación al erario emanan, como lo señala la Corte Constitucional (2001 b), de la multiplicidad de fuentes y circunstancias en que se puede ocasionar el daño fiscal, de manera que cuando el mismo sea consecuencia de la conducta de una persona que tenga la titularidad jurídica para manejar los fondos o bienes del Estado materia del detrimento, procederá la apertura del correspondiente proceso de responsabilidad fiscal, sea que su intervención haya sido directa o a guisa de contribución*» (Peláez Gutiérrez & Restrepo Medina, 2021).

En su momento la Corte Constitucional al examinar la constitucionalidad del artículo 6° de la Ley 610 de 2000 (hoy modificado por el artículo 126 del Decreto Ley 403 de 2020) sostuvo que los «*daños al patrimonio del Estado pueden provenir de múltiples fuentes y circunstancias, y la norma demandada, de talante claramente descriptivo, se limita a una simple definición del daño, que es complementada por la forma como éste puede producirse. Así, la expresión intereses patrimoniales del Estado se aplica a todos los bienes, recursos, derechos susceptibles de valoración económica cuya titularidad corresponda a una entidad pública, y del carácter ampliamente comprensivo y genérico de la expresión, que se orienta a conseguir una completa protección del patrimonio público, no se desprende una indeterminación contraria a la Constitución. No cabe decir lo mismo de la expresión «inequitativa», pues al disponer la norma que la responsabilidad fiscal puede ser producto de una gestión fiscal inequitativa no está dando parámetros que permitan establecer de manera previa, cierta y objetiva, cuando (sic) una conducta puede considerarse inequitativa y, por esta razón, determinante de que un daño patrimonial al Estado pueda ser atribuido al agente a título de dolo o culpa*» (CORTE CONSTITUCIONAL. SENTENCIA C-340/07, 2007).

Por lo que se agregó en la mencionada jurisprudencia constitucional que al incluir el artículo 6° de la Ley 610 de 2000 el «*concepto de uso indebido como categoría autónoma representativa de la lesión al patrimonio público, paralela a otras expresiones de daño como menoscabo, disminución, perjuicio, detrimento, pérdida o deterioro, desnaturaliza el concepto de daño*», lo que llevó a afectar «*la posibilidad de desvirtuar la responsabilidad fiscal acreditando la ausencia de daño, con lo cual el juicio fiscal se tornaría en sancionatorio, porque la condena no tendría efecto reparatorio o resarcitorio, sino meramente punitivo*» (CORTE CONSTITUCIONAL. SENTENCIA C-340/07, 2007) (Gómez Lee, 2021).

En su momento la doctrina especializada hizo varias precisiones a lo contenido en el artículo 6° de la Ley 610 de 2000 (modificado por el artículo 126 del Decreto Ley 403 de 2020): «*En primer lugar, esta acción u omisión, bien sea proveniente de un servidor público o de una persona natural o jurídica de derecho privado, es el resultado de una gestión fiscal «antieconómica, ineficaz, ineficiente e inoportuna, que en términos generales no se aplique al cumplimiento de los cometidos y de los fines esenciales del Estado», tal como lo señala el mismo artículo de la Ley 610 de 2000. En segundo lugar, y por desarrollo jurisprudencial del Consejo de Estado, el concepto de «patrimonio público» hace referencia a la totalidad de bienes, derechos y obligaciones que son propiedad del Estado y se emplean para el cumplimiento de sus fines constitucionales y legales (Sección Tercera Consejo de Estado. Sentencia de 8 de junio de 2011. Exp. 01330-01). Por último, la expresión «intereses patrimoniales del Estado» también ha sido precisada por la Jurisprudencia, en tanto que, son «aquellos bienes, recursos y derechos susceptibles de valoración económica cuya titularidad corresponda a una entidad pública» (Corte Constitucional, Sentencia C-340 de 2007)»* (Gómez Buitrago, 2017).

Con base en lo anterior, en consonancia con la doctrina, puede afirmarse que lo consagrado en su momento por el artículo 6º de la Ley 610 de 2000 y hoy modificado por el artículo 126 del Decreto Ley 403 de 2020 comprende un daño patrimonial que además de ser antijurídico es de naturaleza económica dado que sus perjuicios se manifiestan tanto en el daño emergente, como en el lucro cesante (Gil & Pérez, 2021).

Determinado el concepto, alcance y regulación del daño patrimonial con el que se puede sustentar el proceso de responsabilidad fiscal, pasamos a analizar el nexo causal.

2.3. Nexo Causal

El nexo causal se entiende como uno de los elementos de la responsabilidad fiscal que doctrina y jurisprudencialmente menos atención ha tenido[14] (Gómez Lee, 2021). Sin embargo, para AMAYA OLAYA el «*nexo causal debe ser visto a través de un lente hermenéutico distinto, que refracta no ya la simple causalidad física de la conducta antijurídica frente al daño imputado, sino una causalidad jurídica, emanada del papel de exigibilidad personal funcional o contractual, derivada de las normas específicas, indicadoras, generales, y principios de la gestión fiscal*[15]» (Gómez Lee, 2021).

---

[14] Ello pese a ser un elemento de la responsabilidad fiscal previsto expresamente en la Ley 610 de 2000 en su artículo 5; «Elementos de la responsabilidad fiscal. La responsabilidad fiscal estará integrada por los siguientes elementos: - Una conducta dolosa o culposa atribuible a una persona que realiza gestión fiscal. – Un daño patrimonial al Estado. - Un nexo causal entre los dos elementos anteriores.»

[15] AMAYA OLAYA, Uriel Alberto. Teoría de la Responsabilidad Fiscal. Universidad Externado de Colombia. Bogotá, 2003, pp. 203-204.

Esta concepción está presente tanto en la redacción del artículo 6º de la Ley 610 de 2000, como en su modificación en el artículo 126 del Decreto Ley 403 de 2020, puesto que los sujetos de la responsabilidad fiscal «*se involucran con el daño cuando desatienden su objetivo funcional, organizacional, el programa o proyecto respectivo, asunto que toca tácitamente no en forma expresa, el nexo causal*[16]*. Ese deber funcional debe tener fuente en la Constitución, ley, norma o reglamento, en un compromiso contractual o institucional*» (Gómez Lee, 2021).

En concreto, el nexo causal dentro del juicio de responsabilidad está asociado a la causalidad y cuyo soporte dogmático se extrae de la responsabilidad civil. Lo anterior significa que para desentrañar su alcance el operador jurídico debe acudir a las tesis y supuestos que han sido elaborados en el derecho civil y en el derecho de la responsabilidad patrimonial del Estado, tales como la causa adecuada[17], la causa eficiente, la causa próxima, la *conditio sine qua non*[18], y

[16] En cuanto al nexo causal en un caso específico en el cual se analizaba un presunto detrimento patrimonial por unos presuntos sobrecostos en los contratos de suministro: 042 del 26 de agosto de 2008 y 078 del 31 de octubre de 2008, suscritos por el Hospital San Vicente de Arauca, al compararlos con los precios del mercado, la Contraloría General de la República se pronunció en el siguientesentido: «*En efecto, del material probatorio, la comparación entre el valor delcontrato y las cotizaciones presentadas en cada uno de ellos, determina que lasfirmas LADMEDIS, MEGA DROGAS, FAMACIA ARAUCA Y HOSPICLINC, presentaron las cotizaciones que están en promedio por encima o son superiores al valor contratado, por lo tanto no se configura ni existe nexo causal entre la presunta irregularidad, toda vez que entre la conducta y el daño debe existir una relación de determinante y condicionante de causa-efecto, de manera que eldaño sea el resultado de una conducta activa u omisiva; los encartados (Director del Hospital y Contratista), dentro del presente proceso actuaron con estricta sujeción a las obligaciones que del contrato y de la labor que cada uno estaba obligado a cumplir y que le eran exigibles. Tampoco se puede hablar de dañopor las mismas razones, no existiendo detrimento al patrimonio del Estado y por ende si no existe un daño fiscal, mal podría declararse la responsabilidad en tal sentido pues al no presentarse uno de los elementos para la configuración de dicha responsabilidad fiscal, no puede hacerse declaración al respecto.*» CONTRALORÍA GENERAL DE LA REPÚBLICA. Fallo No. 0029 de 10 de agostode 2011, por el cual se decide el grado de consulta del auto No. 000618 del 8de junio de 2011 dentro del proceso de responsabilidad fiscal No. CD000241.

[17] En esta teoría, se requiere que la conducta desplegada por el agente productor del daño, sea suficiente para ocasionar el daño imputado, y sólo en el evento de que lo sea, se podrá probarla existencia de un nexo de causalidad, que abrirá las puertas a una posible responsabilidad. En otras palabras, no toda condición necesariamente incide en la producción de un evento dañoso, solamente la causa que es catalogada por las reglas de la experiencia como determinante y adecuada para producir un resultado. Gómez Lee, Iván Darío. La seguridad Jurídica. El caso de la responsabilidad fiscal en Colombia, 1ª Edición, Editorial Universidad Externado de Colombia, Bogotá, 2016, p. 268

[18] Según Von Buri Y Von Lizst «(...) el mismo valor para la realización del daño, de manera que la teoría se apoya en la idea según la cual al desaparecer una de las condiciones que dentro del marco de la teoría constituyen concausas no se produciría el daño —esfera negativa—, y a su turno bajo la premisa de que el resultado dañoso es la consecuencia de todas las concausas tanto en conjunto como por cada una de las condiciones aisladamente consideradas —aspecto positivo—, de suerte que cada una de las causas

la equivalencia de condiciones[19] (Gómez Lee, 2021) (Calero, y otros, 2020).

Debe señalarse que el artículo 5º de la Ley 610 de 2000 (modificado por el artículo 125 del Decreto Ley 403 de 2020) señala al nexo como uno de los elementos de la responsabilidad fiscal.

Pero determinado el alcance y los supuestos causalistas aplicables para la determinación del nexo, es indiscutible que existe la obligación de probarlo para lograr imputar la responsabilidad, cuyo jui-

---

es causa de que las siguientes causen el resultado (Causa cusae est causacausati») (...)». Empero, esta teorización fue modificada, morigerándose la idea de que todas las causas eran imprescindibles para la generación de la lesión antijurídica, por cuanto sólo algunas o una, define claramente el curso de los hechos que ocasiona el resultado desafortunado. Sentencia del Consejo de Estado, Sección 3ª de 9 de junio de 2010. Exp: 18078. C.P. Gladys Agudelo Ordóñez. Lo anterior, debido a que el mayor inconveniente que presenta ésta teoría se vislumbra cuando se estudia una afluencia de culpas con distinto valor de trascendencia que incide en el resultado, pero sin que se pueda descartar alguna de ellas. Fernández Hierro, J. Sistema de Responsabilidad médica. 5ª Edición, Editorial Comares, Madrid, 2007. Pág. 364. En consonancia con lo arriba expuesto, es necesario precisar que en esta teoría no se considera una condición a cualquier hecho que haya sucedido, sino a los que verdaderamente inciden en el resultado acontecido. En otras palabras, si los hechos que se tienen como «condición» no se hubieran presentado, el daño jamás se habría consumado.

19 *«Las teorías de la causalidad. La ocurrencia de un daño se debe a menudo amúltiples causas. Un accidente de tránsito puede ser el resultado del comportamiento del conductor, del peatón o de un tercero de las condiciones atmosféricas,de un vicio del vehículo, del desnivel de la calzada, etcétera. El juez debe efectuaruna selección entre la serie innumerable de diversos antecedentes. Es necesarioromper en alguna parte la cadena de la causalidad porque de lo contrario, éstase extendería hasta el infinito. La doctrina ha intentado definir criterios de larelación causal. Dos teorías son interesantes: la equivalencia de las condicionesy la causalidad adecuada, descartando la causa próxima, es decir, la causa máscercana del daño, lo que conduciría a injusticias: en efecto, el orden cronológicono corresponde necesariamente al orden causal; a menudo la causa más recienteno ha sido el elemento determinante, pues puede no haber jugado sino un papelínfimo, como sería el caso de la gota de agua que desborda el vaso. 1. Equivalencia de las condiciones. Según esta teoría, todos los elementos que han condicionado el daño son equivalentes, faltando cualquiera de ellos, el daño no se habríaproducido. 2. Causalidad adecuada. Esta teoría es menos simplista, porque noadmite que todos los antecedentes de un daño jueguen el mismo papel. Puedesuceder que, como consecuencia de un encadenamiento de circunstancias excepcionales, un evento provoque un daño: ese evento no es la causa sino únicamentela ocasión. Por el contrario, hay causalidad adecuada cuando una condiciónes por naturaleza, en el curso habitual de las cosas y según la experiencia de lavida, capaz de producir el efecto que se ha realizado. Todos los casos de responsabilidad patrimonial suponen que el demandante haya sufrido un perjuicio queresulte de un hecho imputable al responsable por una relación de causa a efecto. Ahora, este no es el caso si el perjuicio es la consecuencia de una causa extraña(fuerza mayor, hecho de un tercero o de un propio hecho) o se explica por unhecho justificativo (concretamente el ejercicio de un derecho; la orden de la ley ode la autoridad legítima; la legítima defensa).»* LE TORNEAU, Philippe. La responsabilidad civil. Trad. Javier Tamayo Jaramillo, Legis Editores, Bogotá, 2004,pp. 75 - 92.Otros autores sobre este tema, como Héctor Patiño también puede ser consultados. PATIÑO, Héctor. Responsabilidad extracontractual y causales de exoneración. Aproximación a la jurisprudencia del Consejo de Estado colombiano. Revista de Derecho Privado, No. 14, Universidad Externado de Colombia, Bogotá,2008, p. 193.

cio de causalidad está en cabeza de las contralorías como sujetos que están en ejercicio del derecho de acción en la responsabilidad fiscal, por lo que demostrada la relación causal puede formularse la imputación, que concurre con la jurídica, pero que resulta acotada solamente para aquellos sujetos públicos o privados que se encuentran en la posición de gestores fiscales (Gómez Lee, 2021).

En la doctrina puede encontrarse que «*BOTERO GIL expresa que el concepto de nexo causal debe ser analizado por el operador jurídico desde la órbita de la imputación, por cuanto «(...) el juicio que se haga no se agota en un simple análisis de la causalidad física de la conducta considerada contraria a derecho, sino que es indiscutible la necesidad de realizar una labor que determine la posibilidad de atribución jurídica (...)»*[20] *A su vez, DUQUE BOTERO expresa que al realizar un análisis sobre el concepto de nexo de causalidad dentro de los procesos de responsabilidad fiscal, el operador jurídico debe considerar dos elementos, el primero la causalidad material que debe estar encaminado a probar la acción u omisión que provocó el daño fiscal y el segundo, la causalidad jurídica o imputación la cual se centra en quien causo el detrimento patrimonial, es decir, determina quién fue el gestor fiscal responsable de la gestión antieconómica.*[21]" (Calero, y otros, 2020).

Si bien se procura hacer una mínima aproximación al nexo causal, se critica «*que el nexo de causalidad en los procesos de responsabilidad fiscal no es analizado con el rigor que merece, toda vez que los operadores jurídicos – tanto el administrativo como el judicial – se limitan en sus providencias a enunciarlo o simplemente a verlo desde un plano naturalistico, sin que se realice un estudio detallado – como lo propone la doctrina – sobre uno de los tres elementos fundamentales en el establecimiento de la mentada responsabilidad. Además, resulta oportuno reiterar que los operadores jurídicos vienen aplicando la teoría de la causalidad adecuada cuando analizan el nexo de causalidad en los procesos administrativos o jurisdiccionales en los que se valora el comportamiento de un gestor fiscal que causa por acción u omisión un detrimento patrimonial al Estado*» (Calero, y otros, 2020).

Debe tenerse presente que la demostración de la relación se causalidad significa que entre la conducta y el daño debe existir «*un vínculo material determinante y condicionante de causa efecto, de manera*

---

20 Ibídem Pág. 753

21 Duque Botero, Luz Jimena, Céspedes Villa, Fredy. EL CONTROL FISCAL Y LA RESPONSABILIDAD FISCAL Fundamentos sobre la vigilancia de la gestión fiscal, el proceso ordinarioy el proceso de responsabilidad verbal de responsabilidad fiscal, 1ª Edición, Editorial Ibañez,Bogotá, 2018, pp. 469-470.

que el comportamiento del sujeto sea el factor productor del daño con un carácter necesario, directo e inmediato. El nexo causal se rompe cuando aparecen circunstancias de fuerza mayor o caso fortuito, entre otras posibles (Amaya, 1996)» (Peláez Gutiérrez & Restrepo Medina, 2021).

En la doctrina especializada también se afirma la tesis por AMAYA OLAYA según la cual «*no necesariamente la tesis del nexo causal debe ser el criterio determinante para relacionar una conducta con el daño patrimonial producido al Estado a fin de estructurar la responsabilidad fiscal, dada la exigente afinidad de la gestión pública con los principios vertebrales del Estado social de derecho, los principios rectores de la función pública y la administrativa, y el esquema de responsabilidad frente a la administración de los fondos y bienes públicos. En sustitución del nexo causal como criterio rector para la imputación, propone la adopción de la teoría objetiva, en la cual aquel criterio se desplaza a la puesta en peligro del bien jurídico, de manera quela responsabilidad se establece en función de la creación de un riesgo jurídicamente desvalorado por parte de la acción humana y que estese haya realizado en el resultado*» (Peláez Gutiérrez & Restrepo Medina, 2021).

A pesar de la anterior tesis no hay duda que dentro de los elementos de la responsabilidad debe tenerse en cuenta al nexo causal, como ha sido señalado por la Contraloría General de la República según la cual que «*la actuación o el proceder del gestor fiscal debe ser condicionante y determinante en la lesión del patrimonio público, en razón a que puede suceder que exista daño, sin que haya intervenido en su producción el gestor fiscal» (Contraloría General de la República, 2013, p. 19)*» (Gómez Buitrago, 2017).

El nexo causal es, por lo tanto, la necesaria conexión que debe existir entre la acción u omisión del gestor fiscal y la producción del daño al patrimonio público, la que puede manifestarse directamente por el incumplimiento de una obligación a su cargo, o indirectamente cuando se ejerce con base en una condición delegada, vigilante o nominadora de aquel que de forma directa ocasione la lesión al patrimonio público (Gil & Pérez, 2021).

Dicha relación causal no se agota en la constatación material o naturalística del nexo entre la acción u omisión del gestor fiscal y el daño o lesión al patrimonio público ocasionada, sino que exige su encuadramiento en la tesis de la causalidad adecuada (como se defiende por AMAYA OLAYA, 2002), para determinar aquella causa que es la más idónea para provocar u ocasionar el resultado lesivo (Gil & Pérez, 2021).

Pero así como se debe encuadrar el nexo de causalidad en la tesis de la causa adecuada, siguiendo los lineamientos de la teoría de la responsabilidad civil es importante verificar que no haya ocurrido una de las causa extrañas que rompen dicho nexo y eximen de responsabilidad, de las que no opera el hecho o culpa exclusiva de la víctima, porque la afectada en los procesos de responsabilidad fiscal siempre es una entidad pública (persona jurídica de derecho público). En tanto que para que se configure el hecho del tercero se requiere que se trate de un hecho de tal alcance que debe desbordar las posibilidades del gestor fiscal para atenderlo o mitigarlo. En últimas, los supuestos del caso fortuito o la fuerza mayor son operativos en la responsabilidad fiscal, según sus propias singularidades (Gil & Pérez, 2021).

Examinados los elementos de la responsabilidad fiscal con base en los anteriores argumentos, ahora revisaremos el proceso en sí mismo.

3.

EL PROCESO DE RESPONSABILIDAD FISCAL

El proceso de responsabilidad fiscal se configura con base en lo consagrado por el artículo 267 de la Constitución Política, reconocido dentro del ejercicio de la función pública atribuida a la Contraloría General de la República, comprensivo del control fiscal que se debe operar de forma posterior y selectiva, orientado siempre al respeto de los principios, procedimientos y formas que sean definidas por la ley (Gómez Buitrago, 2017).

Este procedimiento sirve de base, pues, para el ejercicio del control fiscal en el que se debe analizar y validar los hallazgos que según los hechos determinados en cada caso permitan establecer la procedencia del inicio o trámite de este, en concreto cuando se encuentre que no está acorde con el principio de eficiencia, siempre teniendo como finalidad que se logré el resarcimiento del daño al patrimonio público que deba ser satisfecho por los servidores públicos o particulares que ejerzan la gestión fiscal (Gómez Buitrago, 2017)

De otra parte, puede decirse que con base en lo consagrado por el numeral 5º del artículo 268[22] de la Constitución Política, el procedimiento de responsabilidad fiscal comprende el conjunto de «*actuaciones administrativas ejecutadas por los entes de control fiscal, para verificar la existencia de un detrimento patrimonial al Estado provocado por una conducta dolosa o gravemente culposa desplegada por un gestor fiscal, –servidor público o particular que desarrolla funciones públicas–, con el objetivo de establecer su responsabilidad en la comisión del daño y*

[22] El artículo 268 numeral 5º (modificado por el artículo 2 del Acto Legislativo 4 de 2019) de la Constitución Política reza de la siguiente manera: «**ARTÍCULO 268.** El Contralor General de la República tendrá las siguientes atribuciones: (...) 5. Establecer la responsabilidad que se derive de la gestión fiscal, imponer las sanciones pecuniarias que sean del caso, recaudar su monto y ejercer la jurisdicción coactiva, para lo cual tendrá prelación». En la jurisprudencia constitucional se encuentra: CORTE CONSTITUCIONAL. Sentencias C-046 de 1994; C-557 de 2001; C-364 de 2001; C-840 de 2001; C-836 de 2001; C-338 de 2014.

por consiguiente, la manera como éste debe ser resarcido de forma integral» (Calero, y otros, 2020).

En la jurisprudencia contenciosa administrativa en cuanto al procedimiento de responsabilidad fiscal se ha fijado los siguientes criterios:

> *«Al respecto advierte la Sala que la autoridad judicial accionada precisó que conforme con la Constitución Política de 1991, en su numeral 5º se le atribuyó a la Contraloría General de la República la facultad de establecer la responsabilidad por la gestión fiscal, imponer sanciones pecuniarias, recaudar su monto y ejercer la jurisdicción coactiva sobre los alcances deducidos de la misma, concordante con los artículos 64 y 68 del C.C.A. y los artículos 90 y siguientes de la Ley 42 de 1993.»*
>
> *«Indicó que conforme con lo dispuesto en la Ley 610 de 2000, se definió los procesos de responsabilidad fiscal como el conjunto de actuaciones administrativas adelantadas por las contralorías con el fin de determinar y establecer la responsabilidad tanto de los servidores públicos como de particulares, cuando en el ejercicio de la gestión fiscal o con ocasión de ésta se causen por acción u omisión, de manera dolosa o culposa daño al patrimonio del Estado.»*
>
> *«El carácter autónomo y resarcitorio de la acción de responsabilidad fiscal a cargo de las contralorías es compatible con la responsabilidad que deduzcan otras autoridades judiciales o administrativas en relación con el cumplimiento irregular o el incumplimiento de las obligaciones que surjan del contrato de seguro, lo que le permite vincular como tercero civilmente responsable a la compañía de seguros cuando el presunto responsable o contrato sobre el cual recaiga el objeto del proceso se encuentren amparados por una póliza, para asegurar el pago a que tiene derecho el Estado, independiente de la reclamación que se haga por vía judicial a través del proceso ejecutivo, por incumplimiento de un contrato»* (CONSEJO DE ESTADO, SEC QUINTA SENTENCIA DE 25 DE FEBRERO DE 2016, 2016).

El Decreto Ley 403 de 2020 desde los artículos 127 y siguientes determina unas reglas especiales del procedimiento de responsabilidad fiscal, así como dejando expresa remisión en lo no previsto a la aplicación de aquellas previstas en el CPACA (por virtud del artículo 34 de dicha codificación).

Una inscripción inicial del procedimiento de responsabilidad fiscal permite comprender: (1) puede iniciarse de oficio o a petición de parte (cualquier persona queda habilitada); (2) se inicia una etapa de indagación preliminar que puede concluir en la decisión de adelantar el procedimiento, lo que deberá ser comunicado, notificado y publicado al interesado. Pero puede ocurrir que se archive (en los términos del artículo 131 del Decreto Ley 403 de 2020, que modificó el artículo 16 de la Ley 610 de 2000) «*cuando se establezca que la acción fiscal no podía iniciarse o proseguirse por haber operado la caducidad, cuando se demuestre que el hecho no existió o que no es constitutivo de daño patrimonial al Estado o no comporta el ejercicio de gestión fiscal, o se acredite una causal eximente de responsabilidad fiscal o aparezca demostrado que el daño investigado ha sido resarcido totalmente por pago o reintegro del bien*»; (3) culminadas las actuaciones preliminares y encontrándose mérito mediante acto administrativo se formularán cargos, en cuya motivación debe establecerse los hechos originadores, las personas naturales y jurídicas objeto de la investigación, las normas presuntamente violadas y las sanciones que podrían imponerse. Dicho acto debe notificarse personalmente y en la forma que proceda según las reglas del CPACA. Contra dicha decisión no procede recurso (Gómez Lee, 2021).

La Ley 2080 de 2021 que vino a modificar el CPACA en aspectos que tiene que ver con el procedimiento administrativo sancionatorio fiscal: (1) el artículo 6 de la Ley adiciona el artículo 47 A del CPACA para regular la suspensión provisional en el procedimiento administrativo sancionatorio fiscal[23]; (2) el artículo 7 de la

---

[23] El artículo 47 A que se adiciona al CPACA es del siguiente tenor: «**Artículo 47 A. Suspensión provisional en el procedimiento administrativo sancionatorio fiscal.** Durante el procedimiento administrativo sancionatorio fiscal, el funcionario que lo esté adelantando podrá ordenar motivadamente la suspensión provisional del servidor público, sin derecho a remuneración alguna, siempre y cuando se evidencien serios elementos de juicio que permitan establecer la permanencia en el cargo, función o servicio público posibilita la interferencia del autor de la conducta en el trámite del proceso o permite que continúe cometiéndola o que la reitere. El término de suspensión provisional será de un (1) mes, prorrogable hasta otro tanto. En todo caso, cuando desaparezcan los motivos que dieron lugar a la medida, la suspensión provisional deberá ser revocada por quien la profirió, o por el superior funcional del funcionario competente para dictar el fallo de primera instancia. El acto que decreta la suspensión provisional y las decisiones de prórroga serán objeto de consulta, previo a su cumplimiento. Para estos efectos propios de la consulta, el funcionario competente comunicará la decisión al afectado, quien contará con tres (3) días para presentar alegaciones en su favor y las pruebas en las que se sustente. Vencido el término anterior, se remitirá de inmediato el proceso al superior, quien contará con diez (10) días para decidir sobre su procedencia o modificación. En todo caso, en sede de consulta no podrá agravarse la medida provisional impuesta. Cuando la sanción impuesta fuere de suspensión, para su cumplimiento se tendrá en cuenta el lapso cumplido de la suspensión provisional. **PARÁGRAFO 1o.** Quien hubiere sido suspendido provisionalmente será reintegrado a su cargo o función y tendrá derecho al reconocimiento y pago de la remuneración dejada de percibir durante el período

Ley adiciona el artículo 49 A del CPACA respecto a los recursos en el procedimiento sancionatorio fiscal[24]; (3) el artículo 23 de la Ley adiciona el artículo 136 A del CPACA para configurar el control automático de legalidad de los fallos con responsabilidad fiscal[25], que unificación jurisprudencial del Consejo de Estado de 29 de junio de 2021 se ha entendido que es inconvencional e inaplicable ante dicha instancia de la jurisdicción contenciosa administrativa (CONSEJO DE ESTADO. UNIFICACIÓN JURISPRUDENCIAL 29 JUNIO 2021, 2021); y (4) en concordancia con el anterior precepto el artículo 45 de la Ley adiciona el artículo 185 A al CPACA para delimitar el trámite del control automático de legalidad[26].

de suspensión, cuando el procedimiento administrativo sancionatorio fiscal termine o sea archivado sin imposición de sanción. No obstante la suspensión del pago de la remuneración, subsistirá a cargo de la entidad la obligación de hacer los aportes a la seguridad social y los parafiscales respectivos. **PARÁGRAFO 2o.** La facultad prevista en el presente artículo será ejercida exclusivamente por la Contraloría General de la República».

24 El artículo 49 A que se adiciona al CPACA es del siguiente tenor: «**Artículo 49 A. Recursos en el procedimiento administrativo sancionatorio fiscal.** Contra las decisiones que imponen una sanción fiscal proceden los recursos de reposición, apelación y queja. Los recursos de reposición y apelación se podrán interponer y sustentar dentro de los cinco (5) días siguientes a la notificación de la respectiva decisión al interesado. El recurso de reposición deberá resolverse dentro de los quince (15) días siguientes a su interposición. Cuando se interponga recurso de apelación el funcionario competente lo concederá en el efecto suspensivo y enviará el expediente al superior funcional o jerárquico según el caso, dentro de los cinco (5) días siguientes a su interposición o a la última notificación del acto que resuelve el recurso de reposición, si a ello hubiere lugar. El recurso de apelación contra el acto administrativo que impone sanción deberá ser decidido, en un término de tres (3) meses contados a partir de su debida y oportuna interposición. Si los recursos no se deciden en el término fijado en esta disposición, se entenderán fallados a favor del recurrente. Dentro de los cinco (5) días siguientes a la notificación de la decisión que niega el recurso de apelación, se podrá interponer y sustentar el recurso de queja. Si no se hiciere oportunamente, se rechazará. **PARÁGRAFO.** Contra las decisiones de simple trámite no procede recurso alguno».

25 El artículo 136 A que se adiciona al CPACA es del siguiente tenor: «**Artículo 136 A. Control automático de legalidad de fallos con responsabilidad fiscal.** Los fallos con responsabilidad fiscal tendrán control automático e integral de legalidad ante la Jurisdicción de lo Contencioso Administrativo, ejercido por salas especiales conformadas por el Consejo de Estado cuando sean expedidos por la Contraloría General de la República o la Auditoría General de la República, o por los Tribunales Administrativos cuando emanen de las contralorías territoriales. Para el efecto, el fallo con responsabilidad fiscal y el antecedente administrativo que lo contiene, serán remitidos en su integridad a la secretaría del respectivo despacho judicial para su reparto, dentro de los cinco (5) días siguientes a la firmeza del acto definitivo».

26 El artículo 185 A que se adiciona al CPACA es del siguiente tenor: «**Artículo 185 A. Trámite del control automático de legalidad de fallos con responsabilidad fiscal.** Recibido el fallo con responsabilidad fiscal y el respectivo expediente administrativo, se surtirá lo siguiente:

1. Mediante auto no susceptible de recurso, el magistrado ponente admitirá el trámite correspondiente, en el que dispondrá que se fije en la secretaría un aviso sobre la existencia del proceso por el término de diez (10) días, durante los cuales cualquier ciuda-

3.1. Proceso Ordinario

El procedimiento ordinario concebido para la responsabilidad fiscal en la Ley 610 de 2000 se puede explicar en su desarrollo en cinco etapas: (1) la apertura mediante auto; (2) la formulación del auto de imputación de la responsabilidad o de cargos; (3) el período probatorio; (4) la adopción del fallo con o sin responsabilidad fiscal, y (5) el ejercicio de los recursos previstos y del grado de consulta (Gómez Lee, 2021).

Como se dijo en el título anterior, el procedimiento administrativo sancionatorio fiscal puede iniciar de oficio (escenario que es producto del ejercicio de los controles fiscales que operan por las contralorías), o a solicitud de las entidades públicas objeto de la vigilancia, o con ocasión de las denuncias o quejas que presente cualquier persona o grupo organizado de ciudadanos, como las veedurías ciudadanas, a tenor de lo consagrado por el artículo 8º de la Ley 610 de 2000[27] (Gómez Lee, 2021).

---

dano podrá intervenir por escrito para defender o impugnar la legalidad del acto administrativo, así mismo en el auto admisorio se correrá traslado al Ministerio Público para que rinda concepto dentro del mismo término; se ordenará la publicación de un aviso en el sitio web de la Jurisdicción de lo Contencioso Administrativo; así como la notificación al buzón de correo electrónico dispuesto para el efecto, a quien según el acto materia de control, hubiere sido declarado responsable fiscal o tercero civilmente responsable y al órgano de control fiscal correspondiente.
2. Cuando lo considere necesario para adoptar decisión, podrá decretar las pruebas que estime conducentes, las cuales se practicarán en el término de diez (10) días.
3. Vencido el término de traslado o el período probatorio, cuando a ello hubiere lugar, el magistrado ponente registrará el proyecto de fallo dentro de los diez (10) días siguientes a la fecha de entrada al despacho para sentencia.
4. La sala de decisión proferirá sentencia dentro de los veinte (20) días siguientes al registro del proyecto de fallo, que incluirá, entre otros, el control de legalidad sobre la inhabilidad derivada de la inclusión en el Boletín de Responsables Fiscales la cual se entenderá suspendida hasta el momento en que sea proferida la sentencia respectiva. Si encontrare que se configuró alguna de las causales de nulidad previstas por el artículo 137, así lo declarará y adoptará las demás decisiones que en derecho correspondan. La sentencia proferida en ejercicio del control automático se notificará personalmente a la contraloría, a quien hubiere sido declarado responsable fiscal o tercero civilmente responsable, y al Ministerio Público, al buzón de correo electrónico dispuesto para el efecto; y por anotación en el estado, a los demás intervinientes y será susceptible de recurso de apelación que será decidido por salas especiales conformadas por la corporación competente, en caso de que el fallo de primera instancia sea proferido por el Consejo de Estado la apelación será resuelta por una sala especial diferente a aquella que tomó la decisión. La sentencia ejecutoriada en ejercicio del control automático tendrá fuerza de cosa juzgada erga omnes y se notificará en la forma dispuesta en el presente numeral».

27 «**ARTÍCULO 8. INICIACIÓN DEL PROCESO.** El proceso de responsabilidad fiscal podrá iniciarse de oficio, como consecuencia del ejercicio de los sistemas de control fiscal por parte de las propias contralorías, de la solicitud que en tal sentido formulen las entidades vigiladas o de las denuncias o quejas presentadas por cualquier persona u organización ciudadana, en especial por las veedurías ciudadanas de que trata la Ley

El artículo 124 del Decreto 403 de 2020 (que modificó el artículo 4° de la Ley 610 de 2000) determina que el objeto del procedimiento de responsabilidad fiscal el «*resarcimiento de los daños ocasionados al patrimonio público como consecuencia de la conducta dolosa o gravemente culposa*» (Calero, y otros, 2020).

Precisadas las etapas y objeto del procedimiento ordinario de responsabilidad fiscal, podemos definir las actuaciones administrativas que desde el auto de apertura se producen: (1) para expedir el auto de apertura el funcionario competente del órgano de control fiscal debe establecer la existencia del daño al patrimonio público y contar con indicios serios y necesarios que permitan vincular a los potenciales autores del daño; (2) una vez expedido el auto de apertura, en cualquier momento procesal el funcionario competente podrá decretar las medidas cautelares que ameriten sobre todos aquellos bienes de los presuntos responsables de la lesión al erario público, tal como lo prescribe y en los límites fijados por el artículo 128 del Decreto Ley 430 de 2020 (que adiciona un parágrafo al artículo 12 de la Ley 610 de 2000)[28]; (3) el artículo 41 de la Ley 610 de 2000 establece como contenido del auto de apertura (a) la competencia del funcionario que conoce del proceso; (b) los fundamentos de hecho; (c) los fundamentos de derecho; (d) identificar la entidad estatal afectada y de los presuntos responsables; (e) determinar el daño al patrimonio público y su estimación; (f) las pruebas que deban decretarse por considerarse conducentes y pertinentes, y (g) el decreto de las medidas cautelares que procedan, que deberán hacerse efectivas antes de notificar el auto de apertura[29] (Calero, y otros, 2020).

563 de 2000». Se advierte que la Ley 563 de 2000 fue declarada inexequible por la Corte Constitucional en la sentencia C-1338 de 4 de octubre de 2000.

[28] «**ARTÍCULO 128.** Adicionar un parágrafo al artículo 12 de la Ley 610 de 200, así: «**Parágrafo 2.** Las medidas cautelares en el proceso ordinario de responsabilidad fiscal están limitadas al valor estimado del daño al momento de su decreto. Cuando la medida cautelar recaiga sobre sumas líquidas de dinero, se podrá incrementar hasta en un cincuenta por ciento (50%) de dicho valor y de un ciento por ciento (100%) tratándose de otros bienes, límite que se tendrá en cuenta para cada uno de los presuntos responsables».

[29] En cuanto a las medidas cautelares la Corte Constitucional en la sentencia C-840 de 2001 dejó sentidos los siguientes criterios jurisprudenciales: «*Estas medidas tienen un carácter precautorio, es decir, buscan prevenir o evitar que el investigado en el proceso de responsabilidad fiscal se insolvente con el fin de anular o impedir los efectos del fallo que se dicte dentro del mismo. En este sentido, «el fallo sería ilusorio si no se proveyeran las medidas necesarias para garantizar sus resultados, impidiendo la desaparición o distracción de los bienes del sujeto obligado». Las medidas cautelares son pues, independientes de la decisión de condena o de exoneración que recaiga sobre el investigado como presunto responsable del mal manejo de bienes o recursos públicos. Pretender que éstas sean impuestas solamente cuando se tenga certeza sobre la res-*

En las anteriores actuaciones administrativas dentro del procedimiento de responsabilidad fiscal es importante que se garantice la defensa del implicado, que en términos del artículo 136 del Decreto 403 de 2020 (que modifica el artículo 42 de la Ley 610 de 2000) implica que quien «*tenga conocimiento de la existencia de indagación preliminar o de proceso de responsabilidad fiscal en su contra y antes de que se le formule auto de imputación de responsabilidad fiscal, podrá solicitar al correspondiente funcionario que le reciba exposición libre y espontánea, para cuya diligencia podrá designar un apoderado que lo asista y lo represente durante el proceso, y así se le hará saber al implicado, sin que la falta de apoderado constituya causal que invalide lo actuado*». A lo que se agrega en el precepto que «*no podrá dictarse auto de imputación de responsabilidad fiscal si el presunto responsable no ha sido escuchado previamente dentro del proceso en exposición libre y espontánea y no está representado por un defensor de oficio si no compareció a la diligencia o no pudo ser localizado*». E incluso se garantiza que en «*caso de no poder el implicado comparecer a la diligencia, podrá remitir por escrito o por cualquier medio de audio o audiovisual, su versión libre y espontánea, siempre que ofrezca legibilidad y seguridad para el registro de lo actuado*» (Calero, y otros, 2020).

Las anteriores garantías se refuerza con lo consagrado por el artículo 137 del Decreto Ley 403 de 2020 (que modifica el artículo 43 de la Ley 610 de 2000) según el cual si «*el implicado no puede ser localizado o citado no comparece a rendir la versión, se le nombrará defensor de oficio con quien se continuará el trámite del proceso*» y las actuaciones administrativas que procedan (Calero, y otros, 2020).

En su oportunidad la Corte Constitucional en su jurisprudencia fijó como criterio que la garantía del debido proceso debe fortalecerse para el momento de la expedición del auto de imputación en un procedimiento de responsabilidad fiscal, para lo cual la diligencia de versión libre y espontánea y el acompañamiento y constante asesoría en la defensa técnica del presunto responsable fiscal debe estar presente (Calero, y otros, 2020).

En este sentido, la Corte Constitucional sostiene que la «*existencia de un acto administrativo fundado en el que al investigado se le impu-*

---

ponsabilidad del procesado carece de sentido, pues se desnaturaliza su carácter preventivo, teniendo en cuenta que ellas buscan, precisamente, garantizar la finalidad del proceso, esto es, el resarcimiento. En esta perspectiva las medidas cautelares pueden ser decretadas en cualquier momento del proceso de responsabilidad fiscal, habida consideración de las pruebas que obren sobre autoría del implicado, siendo la primera oportunidad legal para el efecto la correspondiente a la fecha de expedición del auto de apertura del proceso de responsabilidad fiscal. No antes».

ta responsabilidad fiscal impone que la defensa pierda el carácter facultativo que le asistía hasta ese momento y que a partir de él se torne obligatoria pues de lo contrario sería evidente la desproporción existente entre la situación jurídica generada para el investigado por la imputación formulada en su contra y las oportunidades procesales concebidas para que de una manera legítima y eficaz se oponga a esa imputación y al eventual fallo condenatorio que pueda llegar a proferirse. (...)» (CORTE CONSTITUCIONAL. SENTENCIA C-131/02, 2002).

Para garantizar la celeridad, el plazo razonable y la eficacia del procedimiento de responsabilidad fiscal el artículo 45 de la Ley 610 de 2000 establece que las actuaciones y diligencias administrativas deberán adelantarse en un término de tres (3) meses, prorrogable por dos (2) meses en aquellos eventos en los que las circunstancias lo ameriten y con base en una decisión administrativa motivada (Calero, y otros, 2020).

Cuando venzan los anteriores términos se pueden adoptar dos decisiones administrativas: (1) la de archivar mediante auto en los términos del artículo 47 de la Ley 610 de 2000[30]; o (2) expedir el auto de imputación mediante acto administrativo motivado que debe sustentarse en las pruebas practicadas y recaudadas hasta ese momento dentro del expediente administrativo, en los términos del artículo 46 de la Ley 610 de 2000[31] (Calero, y otros, 2020).

Si la alternativa del ente de control fiscal es adoptar la decisión administrativa de imputar la responsabilidad se debe notificar en los términos del artículo 138 del Decreto Ley 403 de 2020[32] (que

---

30 «**ARTÍCULO 47. AUTO DE ARCHIVO.** Habrá lugar a proferir auto de archivo cuando se pruebe que el hecho no existió, que no es constitutivo de detrimento patrimonial o no comporta el ejercicio de gestión fiscal, se acredite el resarcimiento pleno del perjuicio o la operancia de una causal excluyente de responsabilidad o se demuestre que la acción no podía iniciarse o proseguirse por haber operado la caducidad o la prescripción de la misma».

31 «**ARTÍCULO 46. DECISIÓN.** Vencido el término anterior, se procederá al archivo del proceso o a dictar auto de imputación de responsabilidad fiscal, mediante providencia motivada, según sea el caso».

32 «**ARTÍCULO 138.** Modificar el artículo 49 de la Ley 610 de 2000, el cual quedará así: «**Artículo 49. Notificación del auto de imputación de responsabilidad fiscal.** El auto de imputación de responsabilidad fiscal se notificará a los presuntos responsables o a sus apoderados si los tuvieren y a la compañía de seguros si la hubiere, en la forma y términos establecidos en el Código de Procedimiento Administrativo y de lo Contencioso Administrativo.

Si la providencia no se hubiere podido notificar personalmente a los implicados que no estén representados por apoderado, surtida la notificación por aviso o en la página web de la entidad según corresponda, se les designará defensor de oficio, con quien se continuará el trámite del proceso. Para estos efectos, se aplicará lo dispuesto en el artículo 43".

modifica el artículo 49 de la Ley 610 de 2000) en la forma prevista en este precepto y en su defecto según las reglas previstas en el CPACA. Sin perjuicio de lo anterior, el artículo 106 de la Ley 1474 de 2011 tiene previsto que en los procesos de responsabilidad fiscal tramitados conforme con la Ley 610 de 2000 «*únicamente deberán notificarse personalmente las siguientes providencias: el auto de apertura del proceso de responsabilidad fiscal, el auto de imputación de responsabilidad fiscal y el fallo de primera o única instancia; para estas providencias se aplicará el sistema de notificación personal y por aviso previsto para las actuaciones administrativas en la Ley 1437 de 2011. Las demás decisiones que se profieran dentro del proceso serán notificadas por estado*» (Calero, y otros, 2020).

Una vez surtidas las notificaciones se corre traslado a los presuntos responsables por el término de diez (10) días para que se ejerza el derecho de defensa, se solicite y aporte pruebas, en los términos del artículo 139 del Decreto Ley 403 de 2020 (que modifica el artículo 50 de la Ley 610 de 2000)[33]. A continuación, en el curso del procedimiento, se deben decretar y practicar las pruebas como se establece en el artículo 51 de la Ley 610 de 2000[34]. Agotado lo anterior el funcionario competente debe proferir el fallo con o sin responsabilidad fiscal en los términos del artículo 53 de la mencionada Ley. Para adoptar este fallo se cuenta con un término, según el artículo 52 de la misma normativa, de los treinta (30) días siguientes,

---

33 «**ARTÍCULO 139.** Modificar el artículo 50 de la Ley 610 de 2000, el cual quedará así: «**Artículo 50. Traslado.** Los presuntos responsables fiscales dispondrán de un término de diez (10) días contados a partir del día siguiente a la notificación personal del auto de imputación o por aviso o en la página web de la entidad, según corresponda, para presentar los argumentos de defensa frente a las imputaciones efectuadas en el auto y solicitar y aportar las pruebas que se pretenden hacer valer. Durante este término el expediente permanecerá disponible en la Secretaría».

34 «**ARTÍCULO 51. DECRETO Y PRÁCTICA DE PRUEBAS.** Vencido el término anterior, el funcionario competente ordenará mediante auto la práctica de las pruebas solicitadas o decretará de oficio las que considere pertinentes y conducentes, por un término máximo de treinta (30) días. El auto que decrete o rechace las pruebas deberá notificarse por estado al día siguiente de su expedición. Contra el auto que rechace la solicitud de pruebas procederán los recursos de reposición y apelación; esta última se concederá en el efecto diferido. Los recursos deberán interponerse dentro de los cinco (5) días siguientes a su notificación, en la forma prevista en el Código Contencioso Administrativo». En consonancia con lo anterior, el artículo 108 de la Ley 1474 de 2011 dispone que: «Perentoriedad para el decreto de pruebas en la etapa de descargos. Vencido el término para la presentación de los descargos después de la notificación del auto de imputación de responsabilidad fiscal, el servidor público competente de la Contraloría deberá decretar las pruebas a que haya lugar a más tardar dentro del mes siguiente. Será obligación de la Auditoría General de la República incluir la constatación del cumplimiento de esta norma como parte de sus programas de auditoría y derivar las consecuencias por su desatención.»

sin que para el procedimiento ordinario se pueda exceder dos (2) años y en el verbal de un (1) año[35] (Calero, y otros, 2020).

El artículo 55[36] de la Ley 610 de 2000 determina que el fallo con o sin responsabilidad fiscal se debe notificar en la forma como se establece en el CPACA, procediendo los recursos (reposición y apelación dependiendo si es de única o doble instancia[37]) que en esta codificación están previstos, lo que esta en concordancia con lo prescrito por el artículo 106 de la Ley 1474 de 2011 (Calero, y otros, 2020).

Cuando proceda la segunda instancia el artículo 140 del Decreto Ley 403 de 2020 (que modifica el artículo 57 de la Ley 610 de 2000) el funcionario competente tiene sesenta (60) días hábiles para adoptar la decisión, en el procedimiento ordinario y verbal, pudiendo suspenderse el término para decidir cuando aquel juzgue necesaria el decreto y práctica de pruebas dentro de un término máximo de treinta (30) días hábiles[38] (Calero, y otros, 2020).

---

[35] Ley 1474 de 2011. «**Artículo 107**. (...) Preclusividad de los plazos en el trámite de los procesos de responsabilidad fiscal. Los plazos previstos legalmente para la práctica de las pruebas en la indagación preliminar y en la etapa de investigación en los procesos de responsabilidad fiscal serán preclusivos y por lo tanto carecerán de valor las pruebas practicadas por fuera delos mismos. La práctica de pruebas en el proceso ordinario de responsabilidad fiscal no podrá exceder de dos años contados a partir del momento en que se notifique la providencia que las decreta. En el proceso verbal dicho término no podrá exceder de un año.»

[36] «**ARTÍCULO 55. NOTIFICACIÓN DEL FALLO**. La providencia que decida el proceso de responsabilidad fiscal se notificará en la forma y términos que establece el Código Contencioso Administrativo y contra ella proceden los recursos allí señalados, interpuestos y debidamente sustentados por quienes tengan interés jurídico, ante los funcionarios competentes».

[37] El artículo 143 del Decreto Ley 403 de 16 de marzo de 2020 modificó el artículo 110 de la Ley1474 de 2011, así: «(...) Instancias. El proceso de responsabilidad fiscal será de única instancia cuando la cuantía del presunto daño patrimonial estimado en el auto de apertura e imputación o de imputación de responsabilidad fiscal, según el caso, sea igual o inferior a la menor cuantía para contratación de la respectiva entidad afectada con los hechos y será de doble instancia cuando supere la suma señalada.
Parágrafo 1°. Cuando el presunto daño patrimonial afecte más de una entidad pública, el número de instancias procesales se definirá tomando como base la cuantía para contratación dela entidad que tenga mayor presupuesto oficial».
Parágrafo 2°. Serán de doble instancia, los procesos de responsabilidad fiscal que se adelanten con entidades afectadas cuya contratación no esté clasificada por cuantías».

[38] El artículo 140 del Decreto Ley 403 de 16 de marzo de 2020 modificó el artículo 57 de la Ley610 de 2000, estableciendo que segunda instancia se tramitará, así: «(...) Recibido el proceso, el funcionario de segunda instancia deberá decidir dentro de los sesenta (60) días hábiles siguientes. El funcionario de segunda instancia podrá decretar de oficio la práctica de las pruebas que considere necesarias para decidir la apelación, por un término máximo de treinta (30) días hábiles, libres de distancia, pudiendo comisionar para su práctica. Durante este término se suspenderá el término para decidir». Parágrafo transitorio. Los términos previstos en el presente artículo se aplicarán a los procesos que se inicien con posterioridad a la entrada en vigencia del presente decreto ley.»

El artículo 132 del Decreto Ley 403 de 2020 (que modifica el artículo 18 de la Ley 610 de 2000) establece el grado de consulta contra las siguientes decisiones que se adopten en los procesos fiscales ordinarios y verbales: (1) el auto de archivo, (2) el fallo sin responsabilidad fiscal, (3) el fallo con responsabilidad fiscal, y (4) cuando el responsable fiscal hubiere estado representado por un defensor de oficio[39] (Calero, y otros, 2020). En la norma se fija un estándar de plazo razonable según el cual si transcurridos dos (2) meses el superior funcional o jerárquico no haya proferido el fallo respectivo, el fallo o auto consultado quedará en firme, sin perjuicio de la responsabilidad disciplinaria a la que haya lugar por la mora administrativa (Calero, y otros, 2020).

Resuelto todo lo anterior, notificado el acto administrativo contentivo del fallo con responsabilidad fiscal, en firme y ejecutoriado prestará mérito ejecutivo contra aquellas personas (naturales o jurídicas) halladas responsables fiscales y sus garantes, el cual se hará efectivo ante la jurisdicción coactiva del órgano de control fiscal[40] (Calero, y otros, 2020).

---

[39] Artículo 132 del Decreto Ley 403 de 16 de marzo de 2020, modificó el 18 de la Ley 610 de 2000, de la siguiente manera: «(...) Se establece el grado de consulta en defensa del interés público, del ordenamiento jurídico y de los derechos y garantías fundamentales. Procederá la consulta cuando se dicte auto de archivo, cuando el fallo sea sin responsabilidad fiscal o cuan do el fallo sea con responsabilidad fiscal y el responsabilizado hubiere estado representado por un defensor de oficio, en desarrollo del cual se podrá revisar integralmente la actuación, para modificarla, confirmarla o revocarla, tomando la respectiva decisión sustitutiva u ordenando motivadamente a la primera instancia proseguir la investigación con miras a proteger el patrimonio público. Para efectos de la consulta, el funcionario que haya proferido la decisión deberá enviar el expediente dentro del término de ocho (8) días siguientes a su notificación, a su superior funcional o jerárquico, según la estructura y manual de funciones de cada órgano fiscalizador. Si transcurridos dos (2) meses de recibido el expediente por el superior no se hubiere proferido la respectiva providencia, quedará en firme el fallo o auto materia de la consulta, sin perjuicio de la responsabilidad disciplinaria del funcionario moroso». Parágrafo transitorio. Los términos previstos en el presente artículo se aplicarán a los procesos que se inicien con posterioridad a la entrada en vigencia del presente decreto ley.». En otras palabras, el operador jurídico que reciba un proceso de responsabilidad fiscal —en grado de consulta— la cual se venía adelantando con anterioridad a la entrada en vigencia de la referida norma, deberá fallarlo máximo en un mes.

[40] El artículo 58 de la Ley 610 de 2000 dispone que «(...) una vez en firme el fallo con responsabilidad fiscal, prestará mérito ejecutivo contra los responsables fiscales y sus garantes, el cual se hará efectivo a través de la jurisdicción coactiva de las Contralorías.» Al respecto, frente a la jurisdicción coactiva, es importante aclarar que este se presenta como un proceso de naturaleza ejecutiva con posterioridad al fallo, en el cual se libra un mandamiento de pago por la cuantía establecida en el fallo con responsabilidad con el propósito de que se adelanten las medidas cautelares que sean necesarias hasta que se cumpla el fallo con responsabilidad, es decir, hasta que se realice la devolución efectiva de los recursos al Estado, o la «recuperación de

Asimismo, la persona (natural o jurídica) declarada responsable fiscalmente una vez en firme y ejecutoriado el fallo con responsabilidad fiscal es incluido en el Boletín de Responsables Fiscales, que tendrá como consecuencia jurídica la generación de la inhabilidad para contratar con el Estado o ejercer cargos públicos hasta que repare integralmente el daño al patrimonio público[41] (Calero, y otros, 2020).

El fallo con responsabilidad fiscal al estar contenido en un acto administrativo de carácter particular y producir efectos económicos podrá ser objeto de controversia judicial ante la jurisdicción contenciosa administrativa mediante el ejercicio del medio de control de nulidad y restablecimiento previsto en el artículo 138 del CPACA[42] (Calero, y otros, 2020).

De esta manera se ha delimitado las reglas, condiciones, actuaciones administrativas y alcance del procedimiento ordinario dentro del proceso de responsabilidad fiscal, para que pasemos a revisar las que deben considerarse del proceso verbal.

3.2. Proceso Verbal

El procedimiento verbal de responsabilidad fiscal esta regulado por el artículo 98 de la Ley 1474 de 2011, el cual se define como un trámite especializado, singular, simplificado y que procura la celeridad, siempre que se respete el debido proceso constitucionalmente exigido.

Es un procedimiento que se desarrolla en dos audiencias: la de descargos y la de toma de decisión. Para la doctrina esta es «*la principal connotación del procedimiento, que no incide en la naturaleza administrativa de la acción fiscal y que tampoco modifica las fuentes normativas aplicables, ni introduce otras figuras del derecho penal como el con-*

---

activos» que cita la Política Pública Integral Anticorrupción. «Artículo 110 del Decreto 403 de 16 de marzo de 2020. «(...) Prestan mérito ejecutivo: 1. Los fallos con responsabilidad fiscal contenidos en providencias debidamente ejecutoriadas.(...).»

41 La reparación del daño patrimonial al Estado debe ser integral por parte de quien lo causa, toda vez que en sede de responsabilidad fiscal se aplica la regla de oro del derecho de daños que expresa su reparación debe (...) debe dejar indemne a la persona, esto es, como si el daño no hubiere ocurrido, o, al menos, en la situación más próxima a la que existía antes de su suceso. (...)» Henao, Juan Carlos. El daño ANÁLISIS COMPARATIVO DE LA RESPONSABILIDAD EXTRACONTRACTUAL DEL ESTADO EN DERECHO COLOMBIANO Y FRANCÉS, 2ª Ed, Editorial Universidad Externado de Colombia, Bogotá, 2007, p. 45

42 «Artículo 138. Nulidad y restablecimiento del derecho. Toda persona que se crea lesionada en un derecho subjetivo amparado en una norma jurídica, podrá pedir que se declare la nulidad del acto administrativo particular, expreso o presunto, y se le restablezca el derecho; también podrá solicitar que se le repare el daño. (...)»

trol de garantías en la audiencia. Por lo tanto, sigue siendo una institucionalidad propia del derecho administrativo en el marco del ius puniendi del Estado como se explicó al inicio del libro. El supuesto esencial para impulsar este procedimiento desde su inicio es que se encuentre objetivamente establecida la existencia del daño y exista prueba que comprometa la responsabilidad del gestor fiscal[43]» (Gómez Lee, 2021).

La creación del procedimiento verbal con la Ley 1474 de 2011 representa una modulación de diferentes principios como los de eficacia, celeridad, plazo razonable y debido proceso, siempre encaminado a garantizar que las dilaciones puedan permitir que operen la prescripción o la caducidad[44-45] (Gómez Lee, 2021) (Calero, y otros, 2020). Así mismo, al procedimiento verbal le han sido reconocidas ventajas porque «*permite mayor celeridad, inmediación y concentración de la prueba, se realiza de cara a la ciudadanía, mientras que el procedimiento escrito tiende a ser conocido únicamente por las partes. Igualmen-*

---

43 Artículo 98 de la Ley 1474 de 2011. Etapas del procedimiento verbal de responsabilidad fiscal: El proceso verbal comprende las siguientes etapas: a) Cuando se encuentre objetivamente establecida la existencia del daño patrimonial al Estado y exista prueba que comprometa la responsabilidad del gestor fiscal, el funcionario competente expedirá un auto de apertura e imputación de responsabilidad fiscal, el cual deberá cumplir con los requisitos establecidos en los artículos 41 y 48 de la Ley 610 de 2000 y contener además la formulación individualizada de cargos a los presuntos responsables y los motivos por los cuales se vincula al garante. El auto de apertura e imputación indicará el lugar, fecha y hora para dar inicio a la audiencia de descargos. Al día hábil siguiente a la expedición del auto de apertura se remitirá la citación para notificar personalmente esta providencia. Luego de surtida la notificación se citará a audiencia de descargos a los presuntos responsables fiscales, a sus apoderados, o al defensor de oficio si lo tuviere y al garante [...].

44 «Artículo 97 de la Ley 1474 de 2011. Procedimiento verbal de responsabilidad fiscal: El proceso de responsabilidad fiscal se tramitará por el procedimiento verbal que crea esta ley cuando del análisis del dictamen del proceso auditor, de una denuncia o de la aplicación de cualquiera de los sistemas de control, se determine que están dados los elementos para proferir auto de apertura e imputación. En todos los demás casos se continuará aplicando el trámite previsto en la Ley 610 de 2000. El procedimiento verbal se someterá a las normas generales de responsabilidad fiscal previstas en la Ley 610 de 2000 y en especial por las disposiciones de la presente ley [...]».

45 Un aspecto fundamental que deriva en problemática en la gestión del proceso, es la existencia del fenómeno de la prescripción y la caducidad. La acción fiscal caducará si transcurridos diez años desde la ocurrencia del hecho generador del daño al patrimonio público, no se ha proferido auto de apertura del proceso de responsabilidad fiscal. A su vez, la responsabilidad fiscal prescribirá en cinco años, contados a partir del auto de apertura del proceso, si dentro de dicho término no ha quedado en firme la providencia que la declara, de conformidad con lo dispuesto en el artículo 127 del Decreto Ley 403 de 16 de marzo de 2020 (el cual modificó el artículo 9 de la Ley 610 de 2000). Lo anteriores fenómenos jurídicos, constituyen uno de los principales factores de riesgo en la extinción de la acción del Estado en el proceso de responsabilidad fiscal; no obstante, la modificación incorporada por el decreto legislativo mencionado aminora este riesgo por cuanto extiende el término de la caducidad de la acción fiscal de 5 a 10 años.

te, el contacto entre el fallador y el implicado es directo, lo que permite mayor claridad en la contradicción probatoria»[46]" (Gómez Lee, 2021).

Ahora bien, el procedimiento verbal puede iniciar con base en el análisis del dictamen del proceso auditor con los que se evidencien hallazgos fiscales, o como consecuencia de una denuncia, o en aplicación de los sistemas de control fiscal[47]. En todos eventos se debe dar cumplimiento a lo exigido por la Ley 610 de 2000 (modificada por el Decreto Ley 403 de 2020), así como por la Ley 1474 de 2011, y cumplir con las exigencias para que pueda proferirse el auto de apertura y de imputación, que en criterio de la Contraloría General de la República implica «*[...] que en consonancia con el literal a) del artículo 98 ibídem, impone que el auto correspondiente cumpla con los requisitos de los artículos 41 y 48 de la Ley 610 de 2000*»[48] (Gómez Lee, 2021).

Para lograr la eficacia y efectividad del procedimiento verbal es esencial el rol que juega el auditor, a quien se debe exigir más rigor en el análisis probatorio y en la adecuación de los elementos con base en los cuales se puede afirmar la responsabilidad fiscal, por lo que se eleva la responsabilidad de este actor, dado que de su análisis se podrá tomar la decisión de adelantar o no el procedimiento mediante este trámite expedito[49] (Gómez Lee, 2021).

De ahí que en la doctrina se sostenga que el «*legislador a través de la Ley 1474 de 2011 busco que el procedimiento verbal permitiera a los entes de control fiscal una mayor celeridad en trámite de las actuacio-*

46 Contraloría General de la República, Guía Proceso de responsabilidad fiscal Ley 610 de 2000 y Ley 1474 de 2011 integradas, Gómez Lee, Iván Darío, coordinador académico, Bogotá, 2013, pp. 58-59.

47 «Artículo 97 Ley 1474 de 2011. Procedimiento verbal de responsabilidad fiscal: El proceso de responsabilidad fiscal se tramitará por el procedimiento verbal que crea esta ley cuando del análisis del dictamen del proceso auditor, de una denuncia o de la aplicación de cualquiera de los sistemas de control, se determine que están dados los elementos para proferir auto de apertura e imputación. En todos los demás casos se continuará aplicando el trámite previsto en la Ley 610 de 2000. El procedimiento verbal se someterá a las normas generales de responsabilidad fiscal previstas en la Ley 610 de 2000 y en especial por las disposiciones de la presente ley [...]».

48 Contraloría General de la República, Guía proceso de responsabilidad fiscal Ley 610 de 2000 y Ley 1474 de 2011 integradas, Gómez Lee, Iván Darío, coordinador académico, Bogotá, 2013, p. 59.

49 «El auditor tendrá la responsabilidad de evaluar y dar a conocer los elementos constitutivos de los hallazgos como son la condición, el criterio, la causa y el efecto, así como aportar toda información que permita al juzgador identificar claramente los hechos o circunstancias que soportan su opinión y que a su vez contribuyen a la toma de decisiones de manera oportuna». Díaz Barrera, Pablo César, «Guía del proceso verbal de responsabilidad fiscal», en Revista Sindéresis, Auditoría General de la República, N° 15, Bogotá, 2011, pp. 28-29.

nes administrativas en las que como producto del ejercicio auditor, una denuncia o derivada de alguno de los medios de control se evidenciarán los elementos exigidos para emitir el auto de apertura e imputación. En otras palabras, el procedimiento verbal dentro de los procesos de responsabilidad fiscal fue estatuido para eliminar los trámites innecesarios y, por consiguiente, acortar los términos de las actuaciones administrativas encaminadas a establecer la responsabilidad de los gestores fiscales» (Calero, y otros, 2020).

En esta forma se ha presentado los principales elementos y reglas operativas del procedimiento verbal de responsabilidad fiscal, para ahora examinar los fenómenos de la caducidad y de la prescripción de la acción penal.

3.3. Caducidad y prescripción acción fiscal

La caducidad y la prescripción son dos fenómenos procesales que ameritan su estudio en el procedimiento de responsabilidad fiscal, con el objetivo de explicar su aplicación. En la actualidad el artículo 127 del Decreto Ley 403 de 2020[50] (que modifica el artículo 9º de la Ley 610 de 2000) determina que la caducidad opera respecto de la acción fiscal, en tanto que la prescripción lo hace respecto de la responsabilidad.

Esta diferencia permite entender que para ejercer la acción fiscal se tiene diez (10) años contados desde el acaecimiento del hecho generado del daño al patrimonio público y no se profiere el auto de apertura del proceso de responsabilidad fiscal. Dicho término se interrumpe cuando se profiere el auto de apertura. Dicho cómputo, en la forma en que lo determina la norma mencionada, se cuenta para los hechos instantáneos desde el día de su realización, en tanto

---

[50] «Artículo 127. D.L 403 de 2020. Modificar el artículo 9 de la Ley 610 de 2000.» Caducidad y prescripción. La acción fiscal caducará si transcurridos diez (10) años desde la ocurrencia del hecho generador del daño al patrimonio público, no se ha proferido auto de apertura del proceso de responsabilidad fiscal. Una vez proferido el auto de apertura se entenderá interrumpido el término de caducidad de la acción fiscal. Este término empezará a contarse para los hechos o actos instantáneos desde el día de su realización, y para los complejos, de tracto sucesivo, de carácter permanente o continuado desde la del último hecho o acto. La responsabilidad fiscal prescribirá en cinco (5) años, contados a partir de la expedición del auto de apertura del proceso de responsabilidad fiscal, si dentro de dicho término no se ha dictado providencia en firme que la declare. El vencimiento de los términos establecidos en el presente artículo no impedirá que cuando se trate de hechos punibles, se pueda obtener la reparación de la totalidad del detrimento y demás perjuicios que haya sufrido la administración, a través de la acción civil o incidente de reparación integral en calidad de víctima en el proceso penal, que podrá ser ejercida por la contraloría correspondiente o por la respectiva entidad pública».

que para los actos complejos, de tracto sucesivo, de carácter permanente o continuado desde el último hecho o acto.

Para la doctrina la interrupción del cómputo de la caducidad opera con base en similares criterios a los que se aplica en el proceso contencioso administrativo, concibiendo que se está ante una actuación inquisitiva (Gómez Lee, 2021) (Díaz-GranaDos Ortiz, 2014).

En cuanto a la prescripción de la responsabilidad fiscal la doctrina señala que «*debe destacar que ésta prescripción está contemplada para la acción de responsabilidad fiscal y no para la acción que se deriva del contrato de seguro, el cual está enmarcado dentro del ámbito del derecho comercial del cual se derivan sus características y su naturaleza jurídica*» (Patiño Delgado, 2016).

Lo que se corrobora al estudiar lo prescrito en el artículo 1081 del Código de Comercio según el cual:

> «*La prescripción de las acciones que se derivan del contrato de seguro o de las disposiciones que lo rigen podrá ser ordinaria o extraordinaria.*
>
> *La prescripción ordinaria será de dos años y empezará a correr desde el momento en que el interesado haya tenido o debido tener conocimiento del hecho que da base a la acción.*
>
> *La prescripción extraordinaria será de cinco años, correrá contra toda clase de personas y empezará a contarse desde el momento en que nace el respectivo derecho.*
>
> *Estos términos no pueden ser modificados por las partes*».

De acuerdo con la doctrina el «*artículo 1081, antes transcrito, establece un término de prescripción especial para las acciones derivadas del contrato de seguro, en esta materia se aparta de las normas generales sobre prescripción de las acciones contenidas en el articulo 2536 del Código Civil Colombiano, (2007), estableciendo por tanto una prescripción ordinaria de dos años, en la que se tiene en cuenta un factor subjetivo el cual es la calidad de la persona la cual debe ser capaz contra quien corre el termino (es decir el interesado), además se verifica sobre el conocimiento que éste tenga o haya debido tener sobre la ocurrencia del siniestro, ya que a partir de allíì se cuentan los dos años de dicha prescripción, en tanto que la prescripción extraordinaria de cinco años, es objetiva y corre contra cualquier clase de persona capaz o incapaz, independientemente de quien sea el interesado desde el momento en que ocurrióì el siniestro, tal como lo preceptúa el Consejo de Estado, Saavedra Becerra, (2007)*» (Patiño Delgado, 2016).

La controversia en cuanto a la prescripción surge de la lectura de diferentes normas con las que la Contraloría ha venido vinculando a las aseguradoras a los procesos de responsabilidad fiscal y definiendo las condiciones en las que opera este fenómeno procesal.

Desde la aplicación del artículo 86 de la Ley 1474 de 2011 la doctrina señala que este precepto «*establece el procedimiento para la imposición de multas, sanciones pactadas en el contrato y para declarar el incumplimiento con el objetivo de hacer efectiva la cláusula penal pecuniaria, sin embargo es importante recordar que, de conformidad con la reglamentación de la Ley 1150 de 2007, la póliza de cumplimiento se hace efectiva por medio de la expedición de un acto administrativo, el cual puede contener según el caso la imposición de una multa, la declaratoria de caducidad del contrato o, simplemente, del incumplimiento de las obligaciones asumidas por el contratista, con lo que podemos afirmar que la reclamación que se realiza ante la aseguradora por parte de la Entidad Publica es el acto administrativo respectivo*» (Patiño Delgado, 2016).

Siendo esto así, en los procesos que por responsabilidad fiscal ha venido adelantando la Contraloría General de la República se evidencia que el término de prescripción que se aplica es de cinco (5) años concebido para el ejercicio de la acción derivada del contrato de seguro, lo que a juicio de la doctrina es contrario a las «*disposiciones del artículo 1081 del Código de comercio, y diversos fallos judiciales los cuales son contundentes en establecer que la vinculación de las aseguradoras como garantes del implicado en un proceso de responsabilidad fiscal, no se realiza mediante acción fiscal sino mediante una acción especial paralela a ésta, y aunque se surta en el mismo procedimiento tiene unos motivos y alcances distintos. Por lo anterior, la vinculación de las compañías aseguradoras no se da ni por responsabilidad fiscal ni por acción de cobro coactivo sino por una acción derivada del contrato de seguro por lo que es aplicable las prescripciones del artículo 1081 del Código de comercio y no el término de prescripción previsto en el artículo 9 de la ley 610 de 2000, con lo que se reitera que es diferente la acción de responsabilidad fiscal que la acción derivada de un contrato de seguro*» (Patiño Delgado, 2016).

Existe, por lo tanto, una confusión en cuanto a la acción y a la posibilidad de determinar la responsabilidad fiscal como lo prescribe el artículo 127 del Decreto Ley 403 de 2020, y la acción que deriva del contrato de seguro, cuya prescripción no es asimilable en todo caso como ha venido operando.

La jurisprudencia del Consejo de Estado vigente señala en cuanto a este asunto:

«[...] la ley 610 de 2000 no estableció un término de prescripción para las pólizas de seguros por las cuales fuera vinculado al proceso de responsabilidad fiscal al garante en calidad de tercero civilmente responsable, vacío que fue superado por el artículo 120 de la Ley 1474 de 2011, que previó el término de prescripción para las pólizas de seguros, el cual está sujeto al mismo término de prescripción del proceso de responsabilidad fiscal señalado por el artículo 9 de la Ley 610 de 2000; en este contexto, antes de la expedición de la Ley 1474 se debía aplicar el artículo 1081 del Código de Comercio.

Al respecto, la jurisprudencia de esta Corporación ha dicho:

«[...] en los juicios de responsabilidad fiscal debe tenerse en cuenta el artículo 1081 del Código de Comercio, en relación con la prescripción de las acciones que se derivan del contrato de seguro o de las disposiciones que lo rigen, el cual, es de dos años contados desde el momento en que el interesado haya tenido o debido tener conocimiento de la existencia del riesgo asegurado que da base a la acción de responsabilidad fiscal, para evitar la extinción del derecho por el fenómeno de la prescripción.

72. Para lo cual, se ha señalado que el citado artículo resulta aplicable en los eventos de la vinculación al proceso de responsabilidad fiscal del garante como civilmente responsable, toda vez que dicha vinculación no es a título de acción por razones inherentes al objeto del contrato de seguros, derivado únicamente del contrato que se ha celebrado, que por lo demás es de derecho comercial, y no de gestión fiscal alguna o conducta lesiva del erario por parte del garante, de allí que la responsabilidad que se llegue a declarar es igualmente civil o contractual, y nunca fiscal.

73. Asimismo, esta Sección señaló que, comoquiera que el legislador ha derivado del contrato de seguro la vinculación del garante como tercero civilmente responsable, es claro que tal vinculación es una forma de acción especial para hacer efectivo el amparo contratado, que bien puede considerarse como acción paralela a la de responsabilidad fiscal, aunque se surta en el mismo proceso, toda vez que tiene supuestos, motivos y objetos específicos, sin que sea posible equiparar dos prescripciones, cuya naturaleza difiere completamente la una de la otra; toda vez que mientras que en la del seguro, se predica por la falta de ejercicio de las acciones por parte de quienes tienen el interés en reclamar la indemnización del contrato; en el caso de la prescripción de la responsabilidad fiscal, se instituye en el marco del proceso fiscal, y lo que se sanciona aquí no es otra cosa que la inac-

ción o dilación de la propia Administración para dictar una providencia que resuelva la situación jurídica de los implicados.

[...]

Como quiera que el legislador ha derivado del contrato de seguir y sólo de él la vinculación del garante como tercero civilmente responsable, es claro que tal vinculación es una forma de acción especial para hacer efectivo el amparo contratado, que bien puede considerarse como acción paralela a la de responsabilidad fiscal, aunque se surta en el mismo proceso, pues tiene supuestos, motivos y objetos específicos.

Cabe decir que el titular primigenio de esa acción es la entidad contratante, quien tiene en principio la facultad e incluso el deber de declarar la ocurrencia del siniestro como resultad de esa acción, cuando éste tiene lugar y, en consecuencia ordenar hacer efectiva la póliza de seguro respectiva, por el monto que corresponda.

Que ante la omisión del contratante [...] la Contraloría General de la República puede asumir o está investida de esa titularidad por virtud del artículo 44 de la Ley 610 de 2000, con ocasión y dentro de la misma cuerda del proceso de responsabilidad fiscal, para que verificado el detrimento patrimonial por cualquiera de las partes del contrato estatal amparado por la póliza, pueda igualmente ordenar su efectividad por el monto que sea procedente.

Dicho de otra forma, por efecto de ese precepto, la Contraloría pasa a ocupar el lugar del beneficiario de la póliza, que de suyo es el contratante, cuando éste no haya ordenado hacerla efectiva en el evento de la ocurrencia del siniestro [...]

[...]

Por no tratarse, entonces, de una vinculación por responsabilidad fiscal ni de una acción de cobro coactivo, sino una acción derivada del contrato de seguros, es aplicable la prescripción del artículo 1081 del C.Co. y no el término de caducidad previsto en el artículo 9º de la ley 610 de 2000, como tampoco el señalado en el artículo 66, numeral 3, del C.C.A., para vincular al garante como civilmente responsable.

[...]

[...] el término de esa prescripción es distinto al término de vigencia de la póliza, que el siniestro debe ocurrir dentro de dicha vigencia de la póliza, que el siniestro debe ocurrir dentro de dicha vigencia para

que nazca la obligación del garante o asegurador, y que la prescripción de las acciones derivadas del contrato de seguro empieza a correr desde cuando acontezca el siniestro o de que el beneficiario o la autoridad competente, como en este caso lo es la Contraloría General de la República, tenga conocimiento de su ocurrencia» (CONSEJO DE ESTADO. SEC PRIMERA SENTENCIA DE 22 OCTUBRE DE 2020, 2020) (CONSEJO DE ESTADO. SEC PRIMERA SENTENCIA DE 18 FEBRERO DE 2021, 2021) (CONSEJO DE ESTADO. SEC PRIMERA. SENTENCIA DE 19 NOVIEMBRE 2021, 2021).

Determinado el alcance de los fenómenos de caducidad y de prescripción de la acción fiscal y de la responsabilidad fiscal, se analiza la prescripción propiamente dicha del contrato de seguro.

3.4. Prescripción del contrato de seguro

La prescripción del contrato de seguro es de una naturaleza diferente a la que se afirma de la responsabilidad fiscal en los términos del artículo 127 del Decreto Ley 403 de 2020 (que modifica el artículo 9º de la Ley 610 de 2000).

Para la doctrina el *«tema de la prescripción de la acción para el cobro del seguro de cumplimiento ha seguido igualmente derroteros muy arbitrarios en la jurisprudencia del Consejo de Estado, ante la falta de normas expresas que la regulen. La discusión comenzó, en primer lugar, por el criterio que debía seguirse en cuanto a las normas aplicables: ¿el artículo 1081 del Código de Comercio que regula en general la prescripción de las acciones y derechos que derivan del contrato de seguro y de las normas que lo rigen?, o ¿normas sobre prescripción extintiva en general consagradas en el Código Civil?, o ¿normas especiales relativas a la prescripción de las acciones que se adelantan ante la jurisdicción contencioso administrativa? El Consejo de Estado, en medio de un sin número de contradicciones referentes a la calificación que debía darse a este tema, si como de prescripción o de caducidad, optó inicialmente por adoptar la tesis de la aplicación de las normas generales sobre prescripción extintiva que se encuentran en el Código Civil y particularmente, como la efectividad de la póliza de seguro de cumplimiento se verificaba normalmente a través del proceso ejecutivo, la consagrada en el artículo 2536 que se refería precisamente al termino de prescripción de la acción ejecutiva, lo que favorecía a las entidades públicas dado el amplio término que esta norma contempla para tales efectos»* (Ordoñez Ordoñez, 2010).

En su momento la jurisprudencia del Consejo de Estado aplicó el término fijado en el artículo 66 del Código Contencioso Administrativa respecto a la pérdida de fuerza ejecutoria de los actos administrativos para la prescripción de la acción con lo que se hacía efectiva la póliza de cumplimiento de los contratos estatales, lo que a juicio de la doctrina «*significaba una tesis igualmente favorable para las entidades públicas puesto que implicaba que no existía un término para ellas dentro del cual debían proferir los actos administrativos que integraban la póliza de seguro del título ejecutivo, y sólo las afectaba el lapso de cinco años a partir del cual perdía su fuerza ejecutoria*» (Ordoñez Ordoñez, 2010).

Con estas tesis se descartaba la aplicación del artículo 1081 del Código de Comercio que consagra la prescripción que opera para el ejercicio de las acciones derivadas del contrato de seguro.

Luego la jurisprudencia contenciosa administrativa operó una tesis ecléctica que combinaba los presupuestos tanto del artículo 1081 del Código de Comercio, como del Código Contencioso Administrativo «*estableciendo que, a partir del momento en que la entidad pública tenía conocimiento del incumplimiento de su contratista, disponía de dos años (se hacía aquí alusión al término de prescripción ordinaria del artículo 1081 del C. de Co.) para proferir (y generalmente para obtener) la ejecutoria del acto administrativo con el que se integraba el título y, a partir de ese momento, ya sólo debía tenerse en cuenta el término previsto en el CCa al vencimiento del cual el acto administrativo podía eventualmente perder su fuerza ejecutoria*» « (Ordoñez Ordoñez, 2010).

A juicio de la doctrina esta tesis carecía «*de todo fundamento, en la medida en que lo que el artículo 1081 del C. de Co., prevé, es que el titular de la acción debe ejercerla dentro de los dos años siguientes al conocimiento que tenga de la ocurrencia del siniestro, y es obvio que la expedición de un acto administrativo unilateral por parte de la entidad pública no cumple esa función; al fin y al cabo la entidad pública también se ve obligada a emprender eventualmente una acción judicial para hacer efectivos sus derechos; en ese sentido su acto unilateral, aunque sea acto administrativo, solamente puede cumplir los efectos de una reclamación igualmente unilateral, si bien dotada de las cualidades de un acto de este tipo. Por lo demás, si se ha insistido tanto en que el siniestro ocurre con la expedición del acto administrativo y no con el hecho mismo de incumplimiento, con mayor razón resulta ilógica la aplicación de esta tesis, puesto que estrictamente no hay siniestro mientras no haya acto administrativo y en consecuencia la obligación del asegurador no sería exigible; lo que equivale en últimas a decir que podría llegar a extinguirse por prescripción una obligación que todavía no es exigible. En ese sentido, considero que no es posible afirmar que de esta manera se aplica o da cumplimiento al artículo 1081 del Código de Comercio y viene a tratarse realmente de una interpretación inadecuada de esa norma. Si se tratara de aplicar el artículo 1081 del C. de Co., la apreciación correcta sería que la entidad pública dispone de dos años para ejercer su acción judicial, cualquiera que ella sea, a partir del momento en que tenga conocimiento del siniestro, esto es, a partir del momento en que tenga conocimiento del incumplimiento de su contratista (prescripción ordinaria), y de cinco años, a partir del momento en que objetivamente ocurre ese incumplimiento; esto implicaría que las entidades públicas tendrían que proceder con celeridad y diligencia para lograr la ejecutoria del acto administrativo con el que deben integrar la póliza de seguro para constituir un título ejecutivo que habilite para ellas la vía ejecutiva, o, si no están en capacidad de hacerlo, acudir directamente a la vía ordinaria, que, como se ha visto, a nuestra manera de ver está siempre abierta para las entidades estatales. Si llegare a considerarse que es aplicable en este caso el texto corriente de este tipo de pólizas, en el sentido de que el siniestro se entiende ocurrido con la ejecutoria del acto administrativo, el primer término señalado, el de la prescripción ordinaria, comenzaría a contar desde ese momento. Pero en este caso lo que queda por establecer es el tiempo del cual dispone la entidad estatal para expedir ese acto administrativo y aquí es donde surge el problema que plantea la doctrina del Consejo de Estado según la cual ese tiempo es cualquier tiempo y no se encuentra limitado dentro de los términos de oportunidad que se predican de las resoluciones de caducidad o de incumplimiento del contrato estatal*» (Ordoñez Ordoñez, 2010).

Lo que ocurría es que se incurría en una confusión en la aplicación de las normas del Código Contencioso Administrativo, dado que el artículo 66 de dicha codificación «*relativo a la fuerza ejecutoria de los actos administrativos no tendría función alguna que cumplir, porque el título ejecutivo no está constituido por el acto administrativo, cosa que se olvida generalmente, sino por la póliza de seguro complementada o integrada con el acto administrativo, el cual, para estos efectos solo cumple el papel de un documento complementario, como requisito formal para conformar el título; a este respecto es claro el texto del artículo 68 del CCa en sus numerales 4 y 5, en el sentido de que prestarán mérito ejecutivo, entre otros, las pólizas de seguro de cumplimiento expedidas a favor de las entidades públicas*» (Ordoñez Ordoñez, 2010).

Con posterioridad la jurisprudencia del Consejo de Estado y que «*ha sido ratificada en la Sentencia (ya comentada) del 19 de febrero de 2009*[51]*, en la cual se desiste de acudir al artículo 66 del CCa al establecer el término del cual dispone la Administración para iniciar la acción ejecutiva una vez a expedido el acto administrativo que declara la ocurrencia del siniestro, para aplicar en cambio el término de caducidad de la acción contractual de dos años establecido por el artículo 136 del mismo estatuto. Al tomar esta posición, el Consejo de Estado señala que lo dispuesto por el artículo 66 del CCa no es un término de caducidad de la acción para ejecutar lo dispuesto en un acto administrativo, sino un término de exigibilidad o, más bien, de eficacia o validez del acto administrativo que, desde luego, puede oponerse como defensa dentro del proceso que adelante extemporáneamente la entidad estatal, pero que no tendría las características propias de un término de caducidad: no se podría declarar de oficio por el Juez, no se perderían los efectos interruptivos de la presentación de la demanda en caso de no cumplirse los presupuestos del artículo 90 del C. de P. C., etc.» «* (Ordoñez Ordoñez, 2010).

Tesis, que en la vigente jurisprudencia del Consejo de Estado se ha clarificado con la aplicación diferenciada de los mandatos de los artículos 1081 del Código de Comercio y del artículo 127 del Decreto Ley 403 de 2020 (que modifica el artículo 9° de la Ley 610 de 2000), como se pudo ver en el título anterior de este trabajo.

Ahora vamos a estudiar la vinculación que de las compañías de seguros se puede hacer en el procedimiento de responsabilidad fiscal.

[51] Radicación 2000-01720. extractos: *Revista Jurisprudencia y Doctrina*, t. xxxix, n.o 2010, enero de 2010, pp. 93 y ss.

4.

VINCULACIÓN DE LAS COMPAÑÍAS DE SEGUROS

4.1. Normatividad

La vinculación de las compañías de seguros a los procedimientos administrativos sancionatorios fiscales ha sido regulada por diferentes normas en los últimos veinte años. Así pues, la Ley 610 de 2000 consagra en el artículo 44 lo siguiente:

> «***Artículo 44.*** *Vinculación del garante. Cuando el presunto responsable, o el bien o contrato sobre el cual recaiga el objeto del proceso, se encuentren amparados por una póliza, se vinculará al proceso a la compañía de seguros, en calidad de tercero civilmente responsable, en cuya virtud tendrá los mismos derechos y facultades del principal implicado. La vinculación se surtirá mediante la comunicación del auto de apertura del proceso al representante legal o al apoderado designado por éste, con la indicación del motivo de procedencia de aquella*».

La Corte Constitucional al examinar la constitucionalidad de esta norma señaló que la «*vinculación del asegurador establecida en el norma acusada, además del interés general y de la finalidad social del Estado que representa, constituye una medida razonable, en ejercicio del amplio margen de configuración legislativa. Atiende los principios de economía procesal y de la función administrativa. Además, evita un juicio adicional para hacer efectivo el pago de la indemnización luego de la culminación del proceso de responsabilidad fiscal, con lo cual se logra, en atención de los principios que rigen la función administrativa, el resarcimiento oportuno del daño causado al patrimonio público*» (CORTE CONSTITUCIONAL. SENTENCIA C-648/02, 2002).

Dicha vinculación de las compañías de seguros, en criterio de la jurisprudencia de la Corte Constitucional, debe respetar todas las garantías sustanciales para acceder al proceso e impugnar ante la justicia las decisiones que se adopten para la eficaz protección del debido proceso en los términos del artículo 29 de la Carta Política (CORTE CONSTITUCIONAL. SENTENCIA C-735/03, 2003).

A su vez, el Decreto 734 de 13 de abril de 2012 (norma que fue derogada por el artículo 163 del Decreto Nacional 1510 de 2013) señala en el artículo 5.1.4.2.8:

> «*5.1.4.2.8 Los demás incumplimientos de obligaciones que la entidad contratante considere deben ser amparados de manera proporcional y acorde a la naturaleza del contrato.*
>
> ***Parágrafo.*** *En virtud de lo señalado por el artículo 44 de la Ley 610 de 2000, la garantía de cumplimiento cubrirá los perjuicios causados a la entidad estatal como consecuencia de la conducta dolosa o culposa, o de la responsabilidad imputable a los particulares, derivados de un proceso de responsabilidad fiscal, siempre y cuando esos perjuicios deriven del incumplimiento de las obligaciones surgidas del contrato amparado por la garantía*».

4.2. Jurisprudencia

En cuanto a la vinculación de las compañías de seguros cabe destacar en la jurisprudencia constitucional la sentencia C-648 de 2002 en la que se fijaron los siguientes criterios:

> «*Otro asunto a tener en cuenta son las características del contrato de seguros, el cual se identifica por ser consensual, bilateral, oneroso, aleatorio, de ejecución sucesiva y de carácter indemnizatorio, en cuanto, precisamente, del carácter bilateral y oneroso del contrato de seguros surge la obligación para el asegurador de pagar oportunamente la indemnización cuando a ello haya lugar, pues ella hace parte de los compromisos que la empresa aseguradora adquiere en ejercicio de la autonomía de la voluntad contractual y de la aceptación de los riesgos que ampara y en desarrollo de un objeto lícito que es propio del giro de sus negocios.*
>
> *En estas circunstancias, cuando el legislador dispone que la compañía de seguros sea vinculada en calidad de tercero civilmente responsable en los procesos de responsabilidad fiscal, actúa en cumplimiento de los mandatos de interés general y de finalidad social del Estado. El papel que juega el asegurador es precisamente el de garantizar el pronto y efectivo pago de los perjuicios que se ocasionen al patrimonio público por el servidor público responsable de la gestión fiscal, por el contrato o el bien amparados por una póliza.*

Es decir, la vinculación del garante está determinada por el riesgo amparado, en estos casos la afectación de patrimonio público por el incumplimiento de las obligaciones del contrato, la conducta de los servidores públicos y los bienes amparados, pues de lo contrario la norma acusada resultaría desproporcionada si comprendiera el deber para las compañías de seguros de garantizar riesgos no amparados por ellas.

El derecho de defensa de la compañía de seguros está garantizado en el proceso de responsabilidad fiscal puesto que dispone de los mismos derechos y facultades que asisten al principal implicado, para oponerse tanto a los argumentos o fundamentos del asegurado como a las decisiones de la autoridad fiscal» (C-648 M.P. Dr. JAIME CÓRDOBA TRIVIÑO, 2002).

4.3. La vinculación del garante

A lo largo de este trabajo se ha señalado que son sujetos del control fiscal todo funcionario o particular (persona natural o jurídica) que en ejercicio de funciones administrativas tenga a su cargo la gestión fiscal, cuando de esta se produce un daño al patrimonio público por su acción u omisión que puede encuadrarse a título de dolo o culpa grave.

Cuando se refiere al servidor público en este cabe comprender a todo aquel que cometiendo el daño al patrimonio público pertenece a las entidades públicas definidas por el artículo 2° de la Ley 42 de 1993, lo que implica que se refiere a toda entidad que administre recursos públicos, incluido el Banco de la República[52] (Ruiz Orejuela, 2010).

---

[52] Corte Constitucional, Sala Plena, Sentencia C.529 de noviembre 11 de 1993, MP: Eduardo Cifuentes Muñoz: «(...) Independientemente de la decisión que se adopte sobre la procedencia de un control objetivo y permanente del Banco de la República por parte de la Contraloría, cabe desde ahora admitir aquel tipo de control - que el demandante denomina 'esporádico'- en la hipótesis enunciada. Ciertamente, con prescindencia de su naturaleza pública o privada, de sus funciones o de su régimen ordinario o especial, los particulares o entidades que manejen fondos o bienes de la Nación quedan sujetos al control fiscal que ejerce la Contraloría General de la República, desde luego circunscrita a la gestión fiscal realizada (CP art. 267 y Ley 42 de 1993, art. 2) (...) La Corte tomará en cuenta el concepto de gestión fiscal y su justificación tradicional de obediencia al principio de legalidad y la moderna de eficiencia, eficacia y economía con el objeto de determinar si las funciones asignadas al Banco de la República configuran una modalidad especifica de actuación que exija su tratamiento como sujeto al que deba extenderse de manera permanente la vigilancia fiscal de la Contraloría (...) A la luz de las consideraciones anteriores es evidente que someter el Banco de la República al control fiscal total que ejerce la Contraloría General de la República contraria el texto y el espíritu de las normas constitucionales. Adicionalmente, desconoce los límites de la materia

De ahí, pues, que para los servidores públicos que ejercen la gestión fiscal se ha previsto pólizas de manejo o de responsabilidad civil, con las que se protege a las entidades de las posibles equivocaciones y errores en las que pueda incurrir, salvaguardando el patrimonio público. Pero, puede que «*al margen de esta póliza que es ya bastante común para la protección del patrimonio público que está bajo la custodia y administración de un servidor público o de un particular, existe la posibilidad de que sea el propio gestor fiscal o particular con dichas funciones quien adquiera una póliza de responsabilidad civil, que lo ampare en el evento de tramitarse en su contra un proceso de responsabilidad fiscal, que cubra los honorarios del abogado que lo asista así como una eventual condena, pero, con cargo a sus propios recursos, ya que lo que está protegiendo la póliza no es el patrimonio del Estado sino el patrimonio personal del servidor público o particular. Tanto las pólizas globales para el manejo de recursos públicos como los fondos especiales son medidas admisibles, incluso de carácter obligatorio consagrado por la Ley, para que los entes públicos aseguren sus bienes, recursos y operaciones de cualquier detrimento, pérdida y, en el caso de las pólizas, éstas deben tener la cobertura suficiente para garantizar un resarcimiento cuando éste se requiera*[53]*. Incluso dentro de los gastos generales, que es una de las apropiaciones destinadas al funcionamiento de las entidades, está prevista la adquisición de servicios como son los seguros para amparar bienes muebles e inmuebles, que son precisamente bienes fiscales. Con todo, bajo el entendido de que las entidades deben emprender todas las acciones y procedimientos tendientes a proteger los recursos y bienes que administran, no sólo frente a eventuales daños a particulares o personas jurídicas ajenas a la entidad que pudieran demandar un eventual resarcimiento, sino también, frente a los mismos gestores fiscales, éstos también podrían ser*

---

fiscal y desvirtúa los propios de la monetaria, crediticia y cambiaria, amén de que el principio de eficiencia y economía deja de observarse al pretender sumar al sistema de control especialmente estructurado para el Banco de la República otro que no es idóneo para los fines que persigue y que en todo caso resultará redundante (CP art. 209). En consecuencia, se declarará la exequibilidad de la frase 'y el Banco de la República' que aparece en el artículo 2" de la Ley 42 de 1993, así como su parágrafo y las demás expresiones demandadas, en cuanto se refieren al Banco de la República, pero en el entendido que respecto de éste y de las funciones que la Constitución Política le atribuye en el artículo 371 el control se circunscribirá a los actos de gestión fiscal que realice y en la medida en que lo haga (...)».

53 El artículo 107 de la Ley 42 de 1993 dispuso: «Los órganos de Control Fiscal verificarán que los bienes del Estado estén debidamente amparados por una póliza de seguros o un fondo especial creado para tal fin, pudiendo establecer responsabilidad fiscal a los tomadores cuando las circunstancias lo ameriten». Igualmente, el artículo 48, numeral 63, de la Ley 734 de 2002 considera falta disciplinaria no asegurar los recursos públicos así: «No asegurar por su valor real los bienes del Estado ni hacer las apropiaciones presupuestales pertinentes».

afianzados con cargo a los recursos de la entidad; incluso están en la obligación de suscribir tales pólizas so pena de incurrir en una falta disciplinaria grave, todo ello para proteger el patrimonio público antes que el del particular[54]» (Ruiz Orejuela, 2010).

Ahora bien, debe tenerse en cuenta que la efectividad de las garantías se refleja en la vinculación que al proceso de responsabilidad fiscal puede hacerse de las compañías de seguros como tercero civilmente responsable, «*quien goza de las mismas garantías procesales que el implicado*[55]*. pues en cumplimiento de los riesgos que ampara debe entrar a indemnizar el daño patrimonial ocasionado a la entidad por el servidor público o particular, ya que representa un mecanismo eficaz para el restablecimiento de los perjuicios estimados en el proceso y que deben estar suficientemente cubiertos por la respectiva póliza*[56]». (Ruiz Orejuela, 2010).

En la vinculación de las aseguradoras a los procesos de responsabilidad fiscal se ha advertido que «*en el decreto 1510 se omitió el parágrafo del artículo 4o del Decreto 4828 de 2008 y que había sido reproducido en el parágrafo del artículo 5.1.4.2 del decreto 734 de 2012, con lo cual se enfatizaba en la legitimidad de vincular a la respectiva aseguradora a los procesos de responsabilidad fiscal que adelantaran las Contralorías con base en las garantías de cumplimiento; En esas disposiciones se invocaba que, en virtud de los señalado por el artículo 44 de la ley 610 de 2000, la garantía de cumplimiento cubría los perjuicios causa-*

---

[54] Ver Ley 87 de 1993 y Decreto 663 de 1993, así como el Concepto No. 80112 EE 24840 de mayo 9 de 2006, Dirección Jurídica, Gobernación de Antioquia.

[55] Corte Constitucional, Sala Plena, Sentencia C-735 de agosto 26 de 2003, MP: Álvaro Tafur Galvis.

[56] Corte Constitucional, Sala Plena, Sentencia C- 648 de agosto 13 de 2002, MP: Jaime Córdoba Triviño: «(...) Cuando el Legislador dispone que la compañía de seguros sea vinculada en calidad de tercero civilmente responsable en los procesos de responsabilidad fiscal, actúa en cumplimiento de los mandatos de interés general y de finalidad social del Estado. El papel que juega el asegurador es precisamente el de garantizar el pronto y efectivo pago de los perjuicios que se ocasionen al patrimonio público por el servidor público responsable de la gestión fiscal, por el contrato o el bien amparados por una póliza (...) La vinculación del asegurador establecida en la norma acusada, además del interés general y de la finalidad social del Estado que representa, constituye una medida razonable, en ejercicio del amplio margen de configuración legislativa. Atiende los principios de economía procesal y de la función administrativa. Además, evita un juicio adicional para hacer efectivo el pago de la indemnización luego de la culminación del proceso de responsabilidad fiscal, con lo cual se logra, en atención de los principios que rigen la función administrativa, el resarcimiento oportuno del daño causado al patrimonio público (...) La vinculación de las compañías de seguros en los procesos de responsabilidad fiscal representa una medida legislativa razonable en aras de la protección del interés general y de los principios de igualdad, moralidad, eficiencia, economía, celeridad, imparcialidad y publicidad de la función pública (...)».

dos a la entidad estatal como consecuencia de la conducta dolosa o culposa, o de la responsabilidad imputable a los particulares, derivados de un proceso de responsabilidad fiscal, siempre y cuando esos perjuicios se derivaran del incumplimiento de las obligaciones surgidas del contrato materia de la garantía[57]*. Sin embargo, esa supresión en el decreto 1510 no significa cambio alguno, por cuanto la vinculación de las aseguradoras a los procesos de responsabilidad fiscal bajo este tipo de pólizas, está prevista en el artículo 44 de la ley 610 de 2000. De otro lado, a semejanza de lo que disponía el parágrafo del artículo 5.2.1.1 del Decreto 734, el artículo 135 del decreto prohíbe a las aseguradoras que en la venta o el otorgamiento de alguno de los amparos contemplados en la garantía única, exigieran a los proponentes o a los contratistas, la adquisición de amparos no exigidos por la entidad estatal*» (Narváez Bonnet, 2014).

En todo caso, la vinculación de las aseguradoras al proceso de responsabilidad fiscal no obedece a las tradicionales figuras que establece el Código General del Proceso (llamamiento en garantía, denuncia de pleito, ni a la ejecución de la acción), sino que son vinculadas «*directamente por la contraloría, quien en este caso no es titular del derecho, ni ostenta la calidad de asegurado y no sufre ninguna disminución en su patrimonio y la vinculación que se hace a la aseguradora se hace en su condición de garante en calidad de tercero civilmente responsable y no como responsable fiscal*» (Patiño Delgado, 2016).

4.4. Pólizas que pueden ser afectadas con la vinculación del garante

Para abordar el tratamiento de las pólizas que pueden ser afectadas con la vinculación del garante es necesario distinguir, en principio, las pólizas de cumplimiento a favor de las entidades estatales. Se parte de la premisa según la cual los seguros de cumplimiento a favor de los particulares se procura garantizar las obligaciones adquiridas con la celebración y ejecución del contrato estatal, cuyo tomador será el contratista y el beneficiario la entidad pública o la empresa industrial y comercial del estado o la sociedad de economía mixta. Dicha póliza ampara a una determinada entidad estatal cuando se ocasione el incumplimiento total o parcial que sea imputable a los contratistas. Diferente de las anteriores se encuentra aquellas que

[57] Sobre este tema resulta interesante la exposición de Oscar González Arana en «El papel del control fiscal en la contratación estatal. La Contraloría de Bogotá frente al proyecto de modificación a la ley 80 de 1993», publicado en «Contratación estatal- aspectos controversiales- Memorias IV Jornadas de contratación estatal», Ediciones Uniandes, Bogotá, 2007, páginas 87 y ss.

amparan el cumplimiento de las órdenes judiciales. En todo caso, la vigencia de las pólizas de cumplimiento no será menor al plazo pactado del contrato y a su período de liquidación (Peña Nossa, 2017).

Para precisar el amparo de cumplimiento del contrato cubre a la entidad estatal contratante de los perjuicios que se deriven de alguna de las siguientes situaciones:

1. «*El incumplimiento total o parcial del contrato, cuando el incumplimiento es imputable al contratista.*
2. *El cumplimiento tardío o defectuoso del contrato, cuando el incumplimiento es imputable al contratista.*
3. *Los daños imputables al contratista por entregas parciales de la obra, cuando el contrato no prevéì entregas parciales.*
4. *El pago del valor de las multas y de la cláusula penal pecuniaria*» (Palacios Sánchez, 2016).

En cuanto al valor asegurado este tipo de garantías «*debe ser de por lo menos el 10% del valor del contrato, a menos que el valor del contrato sea superior a 1.000.000 de SMMLV, caso en el cual la entidad estatal aplicará las siguientes reglas:*

1. *Si el valor del contrato es superior a 1.000.000 de SMMLV y hasta 5.000.000 de SMMLV, la entidad estatal puede aceptar garantías que cubran al menos el 2,5% del valor del contrato.*
2. *Si el valor del contrato es superior a 5.000.000 de SMMLV y hasta 10.000.000 de SMMLV, la entidad estatal puede aceptar garantías que cubran al menos el 1% del valor del contrato.*
3. *Si el valor del contrato es superior a 10.000.000 de SMMLV, la entidad estatal puede aceptar garantías que cubran al menos el 0,5% del valor del contrato.*
4. *Colombia Compra Eficiente debe determinar el valor de la garantía única de cumplimiento del acuerdo marco de precios326, de acuerdo con el objeto, el valor, la naturaleza y las obligaciones contenidas en este*» (Palacios Sánchez, 2016).

De otra parte, se encuentran las pólizas de seguro de cumplimiento creadas por la Ley 225 de 1938 (compilado actualmente en el Estatuto Orgánico del Sistema Financiero) que «*tiene por objeto cubrir al asegurado (acreedor de la obligación) de los perjuicios derivados del incumplimiento imputable al deudor de una obligación nacida de la ley o del contrato. En la contratación estatal es obligatorio que el contra-*

tista garantice el cumplimiento del contrato, para lo cual la garantía más extendida es la póliza de seguro. Las Contralorías abren procesos de responsabilidad fiscal contra funcionarios públicos y contratistas en relación con la ejecución de contratos estatales por diversos motivos, casos en los cuales vinculan a las aseguradoras garantes, en relación con los distintos amparos de la póliza (anticipo, cumplimiento, calidad, etc.)» (Díaz-GranaDos Ortiz, 2014).

También están las pólizas de seguro de manejo que según la doctrina obedece a unas finalidades, características y reglas que han sido delimitadas por la jurisprudencia de la Corte Suprema de Justicia de la siguiente manera:

> « [...] *por finalidad cubrir al asegurado (en este caso a la entidad que administra recursos públicos) por los actos incorrectos que cometan sus empleados que impliquen apropiación o uso indebido de los recursos de la entidad.*
>
> Lo dicho encuentra apoyo en el análisis que realizó sobre el particular la Corte Suprema de Justicia, mediante sentencia de la Sala de Casación Civil de 24 de julio de 2006, exp. 00191:
>
> «El seguro de manejo, por su parte, también fue creado por la precitada ley 225 de 1938, que en su artículo 2° señala que aquel tiene por objeto garantizar 'el correcto manejo de fondos o valores de cualquier clase que se confíen a los empleados públicos o a los particulares, a favor de las entidades o personas ante las cuales sean responsables'
>
> (...)
>
> *En virtud de este seguro –mejor aún modalidad aseguraticia- se brinda cobertura de cara al riesgo de apropiación o destinación indebida de dineros o bienes entregados a una persona, a título no traslaticio de dominio, destino que ésta, per se, no puede variar, ad libitum, vale decir por su propia y mera voluntad, razón por la cual en esta clase de seguro, la obligación indemnizatoria del asegurador aflora con ocasión del uso o apropiación indebida de las especies monetarias o bienes por parte de aquella, lo cual, claro está, debe ser demostrado suficientemente.*
>
> *El riesgo que figuradamente se traslada al asegurador en esta clase de seguro y que delimita por ende su responsabilidad frente al beneficiario (art. 1056 C.Co), no es la satisfacción de obligaciones que emanan de un determinado negocio jurídico o de la ley –como acontece en el seguro de cumplimiento-, sino el de infidelidad de la perso-*

na a quien se han confiado las sumas de dinero o valores, infidelidad que 'puede tener su origen en uno de estos actos; el desfalco, el robo, el hurto, la falsificación y el abuso de confianza. Actos intencionales, dolosos'»[58]. (se destaca)

Con base en lo dicho para que una pérdida sufrida por el asegurado genere una obligación indemnizatoria a cargo de la aseguradora (es decir que sea considerada como siniestro) se requiere un acto o infracción cometido por el funcionario, que debe presentarse durante la vigencia de la póliza.

En la práctica es la entidad pública la que toma esta póliza para proteger su patrimonio por las pérdidas producidas por sus empleados.

Las pólizas utilizadas en el mercado cubren tanto la comisión de actos delictuosos por parte de los empleados como los alcances y fallos de responsabilidad fiscal.

Por lo general estas pólizas están estructuradas bajo la modalidad de ocurrencia, lo que se explica a continuación.

Bajo la concepción original sobre el riesgo asegurable del Código de Comercio, solo los hechos futuros e inciertos son asegurables. Los hechos ciertos (salvo la muerte) por mandato legal no pueden ser objeto de cobertura.

Sin embargo, el mercado internacional de seguros y reaseguros desarrollaron coberturas para seguros de manejo y riesgos financieros en las cuales el siniestro no es la ocurrencia del acto deshonesto sino su descubrimiento por parte del asegurado. La legislación nacional acogióì la citada alternativa, inicialmente mediante la Ley 35 de 1993, hoy incorporada al artículo 185 del Estatuto Orgánico del Sistema Financiero (solo para riesgos financieros) y luego por la Ley 389 de 1997 (que la amplió en general para los seguros de manejo).

En consecuencia hoy en día existen dos modalidades de cobertura en seguros de manejo, según lo que se estipule en la póliza:

- *Seguro por ocurrencia que cubre los hechos acaecidos en la vigencia de la póliza, modalidad que es la más común en las pólizas de manejo en favor de entidades públicas.*
- *Seguro por descubrimiento que cubre las pérdidas descubiertas*

[58] Nota de pie de página original de la sentencia: Ossa J. Efrén, Tratado Elemental de Seguros, Lerner, Bogotá 1963, pg. 514.

en la vigencia, asíi se trate de hechos ocurridos con anterioridad, alternativa esta que es la usual en la pólizas denominadas de Infidelidad y Riesgos Financieros (IRF), que toman las entidades financieras y algunas empresas y que en adición a la cobertura de manejo comprende otros tipos de riesgos» (Díaz-GranaDos Ortiz, 2014).

La otra categoría de pólizas es la que asegura a los servidores públicos quienes tienen dos tipos de responsabilidad: personal (Ley 678 de 2001 y CPACA) y fiscal (Ley 610 de 2000 y Decreto Ley 403 de 2020). Con la expedición de la Ley 988 de 2005 se determina que es viable que las entidades públicas estén legitimadas para contratar este tipo de seguros. El artículo 53 de dicha norma consagra lo siguiente:

«Artículo 53. Las entidades estatales podrán constituir mediante patrimonio autónomo los fondos a que se refiere el artículo 107 de la Ley 42 de 1993. Los recursos que se coloquen en dichos fondos ampararán los bienes del Estado cuando los estudios técnicos indiquen que es más conveniente la cobertura de los riesgos con reservas públicas que con seguros comerciales.

Cuando los estudios técnicos permitan establecer que determinados bienes no son asegurables o que su aseguramiento implica costos de tal naturaleza que la relación costo-beneficio del aseguramiento es negativa, o que los recursos para autoprotección mediante fondos de aseguramiento son de tal magnitud que no es posible o conveniente su uso para tal fin, se podrá asumir el riesgo frente a estos bienes y no asegurarlos ni ampararlos con fondos de aseguramiento.

También podrán contratar un seguro de responsabilidad civil para servidores públicos, mediante el cual se ampare la responsabilidad de los mismos por actos o hechos no dolosos ocurridos en ejercicio de sus funciones, y los gastos de defensa en materia disciplinaria, penal y fiscal en que deban incurrir; estos últimos gastos excepcionalmente los podrán pagar las entidades, siempre y cuando exista decisión definitiva que exonere de toda responsabilidad y no sea condenada la contraparte a las costas del proceso.

Esta disposición será aplicable a las Empresas Industriales y Comerciales del Estado y a las sociedades de economía mixta asimiladas a estas» (se destaca).

En la doctrina se considera que los «*citados seguros son contratos estatales que, en principio, se rigen por la Ley 80 de 1993 y la Ley 1150 de 2007. Los seguros a los que nos hemos venido refiriendo son de responsabilidad civil, cuyas pólizas en el mercado se han definido bajo la modalidad de reclamación, aspecto que amerita una explicación más detallada, en la medida que se presentan confusiones que se traducen en decisiones que se apartan de la estructura técnica de las coberturas. En un comienzo, el Código de Comercio estableció el seguro de responsabilidad bajo la modalidad de ocurrencia, de suerte que se cubrían los daños que causara el asegurado (potencial responsable), durante la vigencia de la póliza, así la reclamación judicial o extrajudicial del perjudicado se presentara con posterioridad a la expiración de la vigencia. Luego, el mercado internacional de seguros y reaseguros desarrolló las coberturas de seguros estructuradas por reclamación (denominadas también como Claims made), en las cuales si bien el riesgo que se cubre sigue siendo la responsabilidad, el siniestro ya no es el hecho sino la reclamación de la víctima al asegurado o a la aseguradora. Bajo esta modalidad, el hecho pudo haber ocurrido en la misma vigencia de la póliza o en el pasado (si se otorga periodo de retroactividad), lo determinante es que la reclamación de la víctima al asegurado o al asegurador tenga lugar en la vigencia de la póliza, pues tal reclamo es el siniestro. Los seguros de responsabilidad por reclamación fueron incorporados a nuestro ordenamiento jurídico, mediante la Ley 389 de 1997*» (Díaz-GranaDos Ortiz, 2014).

La otra de las modalidades de seguro es aquella de directores y administradores de las empresas sometidos al régimen previsto por el artículo 200 del Código de Comercio (modificado por la Ley 222 de 1995), en donde se dispone que los «*administradores responderán solidariamente e ilimitadamente de los perjuicios que por dolo o culpa ocasionen a la sociedad, a los socios o a terceros*».

Cuando se regula este tipo se póliza la doctrina considera que como «*consecuencia de un acto negligente de un administrador varias personas son susceptibles de sufrir un daño, a saber:*

- *La propia sociedad, pues su patrimonio puede verse erosionado como consecuencia del acto impropio del administrador. La sociedad está en posición de demandar al administrador mediante la denominada acción social de responsabilidad, regida por el artículo 25 de la Ley 222 de 1995, cuyo ejercicio requiere de una decisión en tal sentido por parte de la asamblea general o de la junta de socios de la sociedad.*

- *Los accionistas o socios que son personas distintas de la sociedad y que en su propio patrimonio también son susceptibles de sufrir un daño.*

- *Los terceros que tienen la facultad de demandar directamente al administrador. La Contraloriìa pertenece a este último grupo, con la aclaración que su actuación contra el administrador la hace basada en las normas especiales de la responsabilidad fiscal. La Contraloriìa no reclama un derecho propio, reclama el derecho del Estado por el detrimento patrimonial derivado de la actuación del gestor fiscal*» (Díaz-GranaDos Ortiz, 2014).

Por lo tanto, las pólizas aseguran la responsabilidad personal «*del director o administrador y para el efecto incluyen definiciones de asegurado que abarcan a los miembros de junta directiva, representantes legales, gerentes y en general a cualquier otro que desempeñe funciones de dirección que impliquen facultades de decisión o gobierno*», pero no así la responsabilidad propia de la empresa (Díaz-GranaDos Ortiz, 2014).

Las pólizas que cubren a los directores y administradores cubren «*los reclamos contra los directores o administradores por un acto incorrecto en ejercicio de sus funciones como director o administrador que genere responsabilidad civil a su cargo, reclamo que deberá ser formulado por primera vez durante el período de vigencia de la cobertura y que se refiera a hechos no conocidos con anterioridad como posibles generadores de daño que darían lugar a responsabilidad (modalidad de reclamación o claims made). Si el reclamo fue presentado antes de iniciarse la vigencia o si el hecho razonablemente podía dar lugar a un reclamo y era conocido por el asegurado antes de iniciar la vigencia, no habrá lugar a cobertura de estas situaciones. En cuanto a los hechos no conocidos es posible que se pacten períodos de retroactividad; es decir, que se cubran las reclamaciones formuladas en la vigencia de la póliza que se refieran a hechos ocurridos con anterioridad (que podían razonablemente dar lugar a un reclamo), siempre y cuando no hayan sido conocidos por el asegurado*» (Díaz-GranaDos Ortiz, 2014).

En el caso de los particulares que administran recursos públicos como gestores fiscales y que se refiere a los directores o administradores, las «*compañías de seguros que emitieron las pólizas son vinculadas al proceso de responsabilidad fiscal*» (Díaz-GranaDos Ortiz, 2014).

La última modalidad de pólizas es la de las pólizas que toman las empresas como administradoras de recursos públicos como gestoras fiscales «*que cubren su responsabilidad profesional, en tanto que comprenden las actividades propias de su objeto social. Son pólizas diferentes de las denominadas de responsabilidad extracontractual, las cuales amparan a la empresa por los daños físicos que causen en el terreno extracontractual en sus predios, o en ejercicio de sus labores y operaciones. También son diferentes de las pólizas de directores y administradores que aseguran solo a las personas naturales que actúan como directores y administradores. Las pólizas de responsabilidad profesional de las empresas, relevantes en la responsabilidad fiscal, se limitan básicamente a las que toman las entidades financieras (se contratan junto con la póliza de IRF). Tales pólizas igualmente se contratan bajo la modalidad de reclamación (claims made)*» (Díaz-GranaDos Ortiz, 2014).

5.

EL TÉRMINO DE DURACIÓN DE LA GARANTÍA FRENTE A LOS CONTRATOS ESTATALES Y LA RESPONSABILIDAD FISCAL

En este título abordaremos la línea jurisprudencial del Consejo de Estado respecto del término de duración de la garantía frente a los contratos estatales y la responsabilidad fiscal.

La primera sentencia es la de la Sección Primera del Consejo de Estado de 18 de marzo de 2010 (Pon. RAFAEL E. OSTAU DE LAFONT PIANETA) de la que se destaca:

«2.2.2. ***Aplicabilidad del artículo 1081 del C. Co. al sub lite.***

Despachar esta imputación implica precisar si esa norma es aplicable o no en caso de vinculación del garante como civilmente responsable en un proceso de responsabilidad fiscal, según el artículo 44 de la Ley 610 de 2000, debiéndose responder que sí, puesto que tal vinculación no es a título de acción por responsabilidad fiscal, sino por responsabilidad civil, esto es, por razones inherentes al objeto del contrato de seguros, esto es, derivada únicamente del contrato que se ha celebrado, que por lo demás es de derecho comercial, y no de gestión fiscal alguna o conducta lesiva del erario por parte del garante, de allí que la responsabilidad que se llegue a declarar es igualmente civil o contractual, y nunca fiscal. La misma entidad apelante así lo reconoce al manifestar en la sustentación del recurso, que se debe aclarar que la vinculación no se hace mediante acción fiscal, sino como tercero civilmente responsable.»

- *«En el acto acusado se aduce el término previsto en el artículo 66 del Código Contencioso Administrativo, diciendo que es el plazo para llevar a cabo la ejecución coactiva por las entidades públicas, apoyándose en que el Consejo de Estado así lo ha reiterado.*

Al respecto, se ha de advertir que la acción tendiente a declarar la ocurrencia del siniestro y hacer efectiva la póliza, en la que se encua-

dra la vinculación del garante autorizada en el artículo 44 de la Ley 610 de 2000, no es una acción ejecutiva o de cobro coactivo, pues antes de que ella culmine no hay título que ejecutar; sino declarativa y constitutiva, toda vez que ella se de ha surtir justamente para constituir el título ejecutivo, que lo conformará la ***póliza*** *y el* ***acto administrativo en firme*** *que declare la ocurrencia del siniestro y ordenar hacer efectiva la póliza; de allí que en tal situación se esté ante un título ejecutivo complejo.*

Solamente después de constituido así dicho título es que se abre la posibilidad y empieza a correr el término señalado en el artículo 66 del C.C.A., para adelantar la acción de cobro coactivo del mismo.

De suerte que la entidad de control tiene una craza confusión sobre esas dos acciones, y sirva la oportunidad para dejar en claro que si bien están entrelazadas, son totalmente diferentes, de las cuales una debe surtirse primero para que sea posible la otra, incluso con sujeción a regulaciones procesales distintas.

Por no tratarse, entonces, de una vinculación por responsabilidad fiscal ni de una acción de cobro coactivo, sino una acción derivada del contrato de seguros, es aplicable la prescripción del artículo 1081 del C.Co. y no el término de caducidad previsto en el artículo 9° de la ley 610 de 2000[59]*, como tampoco el señalado en el artículo 66, numeral 3, del C.C.A., para vincular al garante como civilmente responsable.»*

- *«En ese orden, se observa que el acto administrativo objeto del sub lite tuvo como motivos o causa, hechos y conductas que se dieron de manera reiterada o repetida hasta 2001, pero la póliza tuvo vigencia hasta 1° de mayo de 1998, por lo tanto sólo procede considerar los hechos que tuvieron ocurrencia hasta esa fecha, y así se precisó en dicho acto administrativo al decirse en el fallo de responsabilidad fiscal que «****las obligaciones que se encuentran por fuera de la fecha de vigencia de la garantía, serán excluidas de la presente providencia por cuanto como lo expone el apoderado de la Aseguradora no se encuentran afianzados por esta****».*

[59] El artículo 9° de la Ley 610 de 2000 prevé que «La acción fiscal caducará si transcurridos cinco (5) años desde la ocurrencia del hecho generador del daño al patrimonio público, no se ha proferido auto de apertura del proceso de responsabilidad fiscal. Este término empezará a contarse para los hechos o actos instantáneos desde el día de su realización, y para los complejos, de tracto sucesivo, de carácter permanente o continuado desde la del último hecho o acto.»

De modo que para contar la prescripción planteada, se ha de empezar a contar el término a partir de esa fecha, asumiendo que en ella ocurrió el último acto o hecho por el cual procedía vincular a la actora al proceso de responsabilidad fiscal bajo estudio y que en esa fecha la entidad apelante debió conocerlo por su carácter de órgano vigilante del manejo de los recursos y bienes del Estado, más cuando las irregularidades investigadas fueron tan abundantes, de bulto y extendidas en el tiempo, como quiera que se dieron durante todo el tiempo de vigencia de la póliza y hasta mucho después de ello, así como de tal gravedad y conocimiento público según se describen en la motivación del acto acusado, que no se puede menos que pensar que como órgano de control fiscal pudo tener conocimiento de ellas en un contexto de la diligencia y cuidado que se espera de todo ente de control en el ejercicio de sus funciones, en especial por la trascendencia que tienen para el bien común y el interés general.

Para ese fin, se tiene que el acto que declaró civilmente responsable a la actora, fallo de 22 de julio 2003, le fue notificado a ella el 2 de septiembre de 2003, que confrontado con la fecha atrás indicada (1° de mayo de 1998), pone de presente que el término de dos años previsto en el artículo 1081 del C. Co. se había vencido con creces, como quiera que habían transcurrido más de cinco (5) años cuando se produjo dicha notificación.

En esas circunstancias es notoria la ocurrencia de la prescripción alegada por la actora, lo cual implica la anulación de la decisión tomada en su contra en el artículo tercero del referido fallo, como lo decretó el a quo, pero por razones distintas a las que éste expuso en la sentencia apelada. Por ende, el recurso no prospera y se habrá de confirmar dicha sentencia en cuanto accedió a las pretensiones de la demanda» (CONSEJO DE ESTADO. SEC PRIMERA SENTENCIA DE 18 MARZO 2010, 2010).

La segunda sentencia es la de la Sección Primera del Consejo de Estado de 17 de junio de 2010 (Pon. RAFAEL E. OSTAU DE LAFONT PIANETA) de la que se destaca:

«Conviene reiterar sobre este tema que el término de esa prescripción es distinto al término de vigencia de la póliza, que el siniestro debe ocurrir dentro de dicha vigencia para que nazca la obligación del garante o asegurador, y que la prescripción de las acciones derivadas del contrato de seguros empieza a correr desde cuando acontezca el siniestro o de que el beneficiario o la autoridad competente, como en

este caso lo es la Contraloría General de la República, tenga conocimiento de su ocurrencia.»

«Así las cosas, se concluye que si bien los hechos generadores de la responsabilidad fiscal y por tanto constitutivos del siniestro materia de amparo, acaecieron dentro de la vigencia de la póliza, el acto mediante el cual se quiso determinar la correspondiente responsabilidad civil de la aseguradora se profirió después de vencido el término señalado en el artículo 1081 del C.C.A. para el efecto, luego está demostrado en el sub lite que hubo prescripción de la acción administrativa encaminada a hacer efectiva la garantía dada mediante la póliza de seguros a que se ha hecho mención, de donde el recurso no tiene vocación de prosperar, debiéndose, entonces, confirmar la sentencia apelada» (CONSEJO DE ESTADO. SEC PRIMERA. SENTENCIA DE 17 JUNIO 2010, 2010).

La tercer sentencia es la de la Sección Primera del Consejo de Estado de 20 de noviembre de 2014 (Pon. MARCO ANTONIO VELILLA MORENO) de la que se destaca:

«Pues bien, en lo que respecta a la aplicación del artículo 1081 del C. de Co., para efectos de calcular el término de prescripción atinente a la responsabilidad civil de la Compañía de Seguros, en los términos del artículo 44 de la Ley 610 del 2000, la Sala reitera que dicha norma sí es pertinente al tema, acudiendo a lo señalado por la jurisprudencia de esta Sección en Sentencia de 18 de marzo de 2010, Expediente No. 2004-00529-01, M.P. Dr. Rafael Ostau De Lafont Pianeta»

«De lo expuesto en la sentencia en cita es claro, entonces, que es el artículo 1081 del Código de Comercio el que ha de servir de parámetro jurídico a fin de determinar si el ente de control fiscal ejerció en oportunidad el derecho previsto en el artículo 44 de la Ley 610 del 2000, consistente en comprometer a la compañía aseguradora como tercero civilmente responsable en el proceso de responsabilidad fiscal.»

«Lo anotado, a su turno, evidencia que no es procedente acudir al artículo 9[60] *ibídem para contabilizar términos de prescripción a favor del garante, dado que su participación en el mismo es de naturaleza civil, y por ende, la normativa que le resulta aplicable corresponde a las normas de derecho comercial que rigen el respectivo contrato de seguro, y no las de responsabilidad fiscal, en razón, se reite-*

[60] Ley 610 del 2000.

ra, a que no es esta última la calidad en virtud de la cual aquel es llamado al proceso» (CONSEJO DE ESTADO. SEC PRIMERA. SENTENCIA DE 20 NOVIEMBRE 2014, 2014).

La siguiente sentencia es de la Sección Primera del Consejo de Estado de 10 de septiembre de 2015 (Pon. MARÍA CLAUDIA ROJAS LASSO) de la que se destaca:

«De acuerdo con las anteriores consideraciones, no cabe duda alguna en cuanto a que el término de dos años de la prescripción ordinaria contemplado en el artículo 1081 C.Co., es el plazo del que disponen los entes de control para vincular a los garantes como terceros civilmente responsables dentro de los procesos de responsabilidad fiscal que adelanten, en virtud de las acciones derivadas del respectivo contrato de seguro que ampararon. [...] Según lo reseñado en precedencia, el término de dos (2) años previsto en el artículo 1081 del C.Co. para que opere la prescripción ordinaria, empezó a correr para la Dirección de Investigaciones Fiscales de la Contraloría General de la República, a partir de la fecha en que ésta tuvo conocimiento de la ocurrencia de los hechos investigados, que en el presente caso aconteció el 19 de julio de 2000 cuando se abrió formalmente la investigación fiscal en contra de la Unión Temporal Puconsa S.A. por lo que los dos años corrieron desde dicha fecha hasta el 19 de julio de 2002. En vista de que el Fallo con responsabilidad fiscal fue proferido el 30 de diciembre de 2004, resulta evidente que se expidió después de los dos años de que disponía el ente de control para hacerlo, por lo que al estar vencido ese término, operó la prescripción de la acción derivada del contrato de seguro en contra de la Contraloría, cuya póliza No 396028 y Certificados de Modificación Nos. 1067232, 1084312, 1084409 y 1054652, ordenó hacer efectivos el ente de control en el literal b) del artículo cuarto del mencionado fallo. Como quiera que la Contraloría General de la República, vinculó a la compañía aseguradora en calidad de tercero civilmente responsable afectando la póliza 396028, como consecuencia de una acción derivada del contrato de seguro, resulta evidente que dicha decisión la adoptó por fuera del término legal en virtud de la ocurrencia de la prescripción de la acción, de allí que la sentencia de primera instancia será revocada y, en su lugar, se accederá a la declaratoria de nulidad del literal b) del artículo cuarto del Fallo del 30 de diciembre de 2004. Como consecuencia de la decisión anterior, se accederá a la pretensión subsidiaria de la demanda, consistente en declarar que la actora no estaba obligada a pagar suma de dinero alguna, por lo que deberá la Contraloría General de la República, restituir los dineros que haya

recibido en virtud de la póliza de cumplimiento N° 396028, como así se dispondrá en la parte resolutiva de la presente providencia» (CONSEJO DE ESTADO. SEC PRIMERA SENTENCIA 10 SEPTIEMBRE DE 2015, 2015).

De la sentencia del Consejo de Estado de 7 de junio de 2018 (Pon. ALBERTO YEPES BARREIRO) se destaca:

«Es importante señalar que la vinculación de la compañía de seguros no se realiza en calidad de responsable fiscal, sino en calidad de tercero civilmente responsable, de forma que aquella pese a hacer parte del procedimiento y tener las mismas prerrogativas que tendrían las partes, no compromete su responsabilidad fiscal .

Así pues, cuando se vincula a una compañía de seguros al procedimiento de responsabilidad fiscal, lo que se pretende es hacer efectivas las obligaciones adquiridas en el contrato de seguro previamente celebrado, de forma que la responsabilidad civil que del citado negocio jurídico se deriva, se limita, exclusivamente, al riesgo amparado en la póliza».

«Bajo este panorama, no cabe duda que la compañía de seguros en el marco del procedimiento de responsabilidad fiscal: i) está llamada como tercera civilmente responsable; ii) tiene las mismas prerrogativas que las partes; y iii) su responsabilidad se limita a los riesgos amparados en la póliza y en los montos ahí establecidos.

Se ha entendido adicionalmente, que el hecho de tener las mismas prerrogativas de las partes del procedimiento de responsabilidad fiscal, legitima a las compañías aseguradoras a activar el aparato judicial para controvertir, no solo lo relacionado con el contrato de seguros, sino incluso temas propios de la responsabilidad fiscal tales como los elementos que la estructuran.»

«Ahora bien, en el caso sometido a consideración de la Sección se controvierte un asunto relacionado con el contrato de seguro, esto es, las normas que rigen para computar la «prescripción» de las acciones derivadas de dicho negocio jurídico.

En este sentido, para la parte recurrente, la posición del Tribunal en relación con la aplicación del artículo 1081 del C. de Co. como limitante temporal para la declaratoria de responsabilidad civil de la aseguradora, desconoce lo normado en el artículo 9° de la Ley 610 de 2000 y, según su criterio, esta última normativa es la aplicable tratándose de procedimientos de responsabilidad fiscal.

Por su parte, la sociedad actora y el Tribunal, consideran que la norma comercial sí resulta aplicable y se erige como limitante temporal para la declaratoria de responsabilidad civil de las aseguradoras en el procedimiento de responsabilidad fiscal.

Es de anotar que en virtud de la expedición de la Ley 1474 de 2011, la anterior discusión quedó totalmente zanjada, pues el artículo 120 ibídem no dejó duda respecto a que las pólizas de seguros «por las cuales se vincule al proceso de responsabilidad fiscal al garante en calidad de tercero civilmente responsable, prescribirán en los plazos previstos en el artículo 9o de la Ley 610 de 2000.»

En consecuencia, desde la vigencia de tal cuerpo normativo, la «prescripción» que opera frente a las aseguradoras en el procedimiento de responsabilidad fiscal, no puede desconocer lo dispuesto por la Ley 610 de 2000 en su artículo 9º.»

«La Ley 610 de 2000 en su artículo 9º contempla que el ente de control fiscal cuenta con 5 años contados desde el auto de apertura para proferir una decisión, en firme, que declare la responsabilidad fiscal del funcionario. En ese mismo acto administrativo, es donde se declara civilmente responsable a la aseguradora. Ello es así, ya que solo con la declaratoria de responsabilidad fiscal respecto del funcionario es que puede asegurarse que el riesgo amparado con la póliza se materializó.

En este orden de ideas, para la Sección no es posible aseverar que el hecho de que las aseguradoras se vinculen como terceros civilmente responsables al procedimiento de responsabilidad fiscal impone que la contraloría deba sujetarse a las normas del C. de Co. para adoptar una decisión frente a ellas, ya que esto desconocería que los términos de prescripción tienen una regulación explícita en el artículo 9º de la Ley 610 de 2000. Tal y como en la actualidad lo evidenció el Estatuto Anticorrupción.»

«Este razonamiento, no solo pone en riesgo el control fiscal que en lugar de fortalecerse por la existencia de la póliza se ve, paradójicamente, debilitado, pues las contralorías, contrario al mandato de la Ley 610, deberán expedir una decisión antes de 2 años, so pena de que la garantía que se contrató, precisamente, para resarcir el daño causado, se declare «prescrita».

En otras palabras, no tendría sentido que las entidades públicas contraten pólizas de seguros para tratar de mitigar los riegos derivados de la declaratoria de responsabilidad fiscal, pues casi siempre la decisión se proferiría cuando aquella esté prescrita y la finalidad que tuvo al celebrar dicho negocio jurídico se desdibujaría, pues solo se lograría si el ente fiscal profiere una decisión supremamente rápida.

Si esto es así, claramente la vinculación de las aseguradoras, lejos de cumplir el papel de garantes que se les otorgó en virtud del contrato, se tornaría como un obstáculo para el ente de control fiscal que se vería compelido a adoptar decisiones en un tiempo muy corto en comparación con los procedimientos en los que no sea necesario llamar a una compañía de seguros.»

«Ahora, no escapa a la Sala que la «prescripción» regulada por el artículo 1081 del C. de Co. se refiere a «las acciones que se derivan del contrato de seguro o de las disposiciones que lo rigen».

En este contexto, resulta relevante recordar que el procedimiento de responsabilidad fiscal, en el marco del cual se declara civilmente responsable a las aseguradoras, tiene naturaleza administrativa y no judicial , y, por tanto, su declaratoria no está limitada por los plazos a los que se refiere dicha norma, en la medida en que no se trata del ejercicio de una «acción», sino de la expedición de un acto administrativo que declara la responsabilidad del agente estatal -fiscal- y de la aseguradora -civil-.

Entonces, si no puede entenderse que el funcionario declarado fiscalmente responsable ha sido objeto de «acción», por ausencia de «proceso judicial», en el marco de un procedimiento de responsabilidad fiscal, tampoco puede entenderse lo anterior respecto de la decisión administrativa declarativa de la responsabilidad civil de la aseguradora.

Esta es, precisamente, la característica que permite que, tanto las aseguradoras declaradas civilmente responsables, como los funcionarios declarados fiscalmente responsables, acudan a la Jurisdicción de lo Contencioso Administrativo a ventilar su pretensión anulatoria frente a los anteriores actos.

En suma, los lapsos regulados por la norma comercial, no constituyen limitante para proferir el acto administrativo declarativo de la responsabilidad civil de las aseguradoras, en el marco de un procedimiento de responsabilidad fiscal, en la medida en que su objeto de aplicación se dirige al ejercicio de «acciones», lo que no ocurre en este tipo de casos.

Por supuesto, ello no significa desconocer que, como se explicó en el capítulo que precede, las aseguradoras se vinculan en calidad de terceras civilmente responsables y su responsabilidad solo va en los términos pactados en el contrato de seguros, de lo que se trata es de entender que la declaratoria de responsabilidad civil que se produce en el marco del procedimiento no se realiza en ejercicio de una acción, sino que es la manifestación de voluntad de una autoridad estatal vertida en un acto administrativo que puede ser objeto de control judicial.

Aceptar la tesis contraria, implicaría consentir que la póliza de seguros pierde su objeto primordial en el proceso de responsabilidad fiscal, esto es, «el de garantizar el pronto y efectivo pago de los perjuicios que se ocasionen al patrimonio público por el servidor público responsable de la gestión fiscal, por el contrato o el bien amparados por una póliza.»

En suma, en los procedimientos de responsabilidad fiscal iniciados antes de la vigencia de la Ley 1474 de 2011 no es posible computar los términos de prescripción con las normas del C. de Co, toda vez que la «acción fiscal» no es en realidad una acción propiamente dicha, sino que es un procedimiento que tiene naturaleza netamente administrativa» (CONSEJO DE ESTADO. SEC PRIMERA SENTENCIA DE 7 DE JUNIO 2018, 2018).

La Sección Primera del Consejo de Estado en la sentencia de 3 de octubre de 2019 (Pon. HERNANDO SÁNCHEZ SÁNCHEZ) fijó los siguientes criterios jurisprudenciales:

«La anterior postura jurisprudencial no es compartida por la Sección Primera del Consejo de Estado, atendiendo a que esta Sección , de manera reiterada y pacífica ha señalado que en los juicios de responsabilidad fiscal debe tenerse en cuenta el artículo 1081 del Código de Comercio, en relación con la prescripción de las acciones que se derivan del contrato de seguro o de las disposiciones que lo rigen, el cual, es de dos años contados desde el momento en que el interesado haya tenido o debido tener conocimiento de la existencia del riesgo asegurado que da base a la acción de responsabilidad fiscal, para evitar la extinción del derecho por el fenómeno de la prescripción.

72. Para lo cual, se ha señalado que el citado artículo resulta aplicable en los eventos de la vinculación al proceso de responsabilidad fiscal del garante como civilmente responsable, toda vez que dicha vinculación no es a título de acción por responsabilidad fiscal, sino por responsabilidad civil, esto es, por razones inherentes al objeto del contrato de seguros, derivado únicamente del contrato que se ha celebrado, que por lo demás es de derecho comercial, y no de gestión fiscal alguna o conducta lesiva del erario por parte del garante, de allí que la responsabilidad que se llegue a declarar es igualmente civil o contractual, y nunca fiscal.

73. Asimismo, esta Sección señaló que, comoquiera que el legislador ha derivado del contrato de seguro la vinculación del garante como tercero civilmente responsable, es claro que tal vinculación es una forma de acción especial para hacer efectivo el amparo contratado, que bien puede considerarse como acción paralela a la de responsabilidad fiscal, aunque se surta en el mismo proceso, toda vez que tiene supuestos, motivos y objetos específicos, sin que sea posible equipar dos prescripciones, cuya naturaleza difiere completamente la una de la otra; toda vez que mientras que en la del seguro, se predica por la falta de ejercicio de las acciones por parte de quienes tienen el interés en reclamar la indemnización del contrato; en el caso de la prescripción de la responsabilidad fiscal, se instituye en el marco de un proceso fiscal, y lo que se sanciona aquí no es otra cosa que la inacción y dilación de la propia Administración para dictar una providencia que resuelva la situación jurídica de los implicados.

74. Cabe decir que el titular primigenio de esa acción es la entidad contratante, quien tiene en principio la facultad e incluso el deber de declarar la ocurrencia del siniestro como resultas de esa acción, cuando este tiene lugar y, en consecuencia ordenar hacer efectiva la póliza de seguro respectiva, por el monto que corresponda y que, ante la omisión del contratante, la Contraloría General de la República puede asumir esa titularidad, con ocasión del proceso de responsabilidad fiscal, para que verificado el detrimento patrimonial por cualquiera de las partes amparado por la póliza, pueda igualmente ordenar su efectividad por el monto que sea procedente.»

«75. Esta Sección en su reiterada jurisprudencia citada supra, ha considerado que la acción de responsabilidad fiscal tendiente a declarar la ocurrencia del siniestro y hacer efectiva la póliza, en la que se encuadra la vinculación del garante, no es una acción ejecutiva o de cobro coactivo, en la medida que antes de que ella culmine no hay título que ejecutar; por el contrario, corresponde a una acción declarativa y constitutiva, toda vez que ella se ha de surtir justamente para constituir el título ejecutivo, que lo conformará la póliza

y el acto administrativo que declare la ocurrencia del siniestro y ordene hacer efectiva la póliza.»

«75.3. De allí que la acción de responsabilidad fiscal como acción declarativa sirva para la configuración del título complejo y, que solamente después de constituido el título ejecutivo se abre la posibilidad y empieza a correr el término señalado en el artículo 66 del Código Contencioso Administrativo, para adelantar la respectiva acción ejecutiva y la acción de cobro coactivo del mismo.»

«79. Visto el artículo 120 de la Ley 1474, sobre pólizas en los procesos de responsabilidad fiscal, que textualmente señala:

«[...] ARTÍCULO 120. PÓLIZAS. Las pólizas de seguros por las cuales se vincule al proceso de responsabilidad fiscal al garante en calidad de tercero civilmente responsable, prescribirán en los plazos previstos en el artículo 9o de la Ley 610 de 2000 [...]».

80. En la exposición de motivos de la citada ley se determinó que era necesaria para establecer medidas para mejorar la eficiencia y eficacia del control fiscal en la lucha contra la corrupción, específicamente, sobre las prescripciones y caducidades que se presentan en las actuaciones administrativas de responsabilidad fiscal, proponiendo algunas medidas como: i) la creación de un procedimiento verbal de responsabilidad fiscal para los procesos con cuantía inferior a 150 salarios mínimos legales mensuales vigentes cuando se determine que están dados todos los elementos para proferir imputación y si existe flagrancia en la generación del daño; ii) un proceso verbal sumario, en única instancia, cuando la cuantía no supere los 15 salarios mínimos legales mensuales, con el fin de eliminar trámites y evitar así las caducidades y prescripciones. Textualmente, señaló:

«[...] El capítulo noveno contempla las medidas para mejorar la eficiencia y la eficacia del control fiscal en la lucha contra la corrupción. Esta reforma pretende aumentar los índices de eficacia y con ello lograr una legitimidad del control fiscal frente a la ciudadanía, cualificación que cada día se ha desmejorado ante los resultados negativos del control fiscal. En los estudios que ha realizado la Auditoría General de la República, se ha podido evidenciar que los resultados del control fiscal a nivel nacional no son lo esperado de acuerdo con su misión. En la última evaluación al control fiscal territorial se señaló lo siguiente: Se han identificado una serie de deficiencias que impiden la eficiencia y eficacia del control fiscal territorial. Entre ellas se en-

cuentran que gran parte de los procesos que se adelantan no culminan con decisiones de responsabilidad fiscal.

Igualmente, es alarmante el número de prescripciones, que en el año 2009 ascendió a 712 procesos por cuantía de $ 221.592 millones. El total de expedientes prescritos durante los últimos cinco años es de 3.732 por cuantía de $ 2,9 billones. Por su parte, las caducidades fueron 157 en el año 2009 por cuantía de $ 16.112 millones. Durante los últimos cinco años se caducaron 624 procesos por cuantía de $ 522.394 millones.

En este sentido, se proponen medidas puntuales para garantizar la eficacia de los procesos de responsabilidad fiscal, tales como las siguientes: a. Se crea el procedimiento verbal para los procesos de responsabilidad fiscal, con el objeto de dar celeridad a los procesos cuya cuantía sea inferior a ciento cincuenta (150) salarios mínimos mensuales vigentes cuando se determine que están dados todos los elementos para proferir imputación y si existe flagrancia en la generación del daño. El objeto fundamental de esta medida es reducir los términos y eliminar trámites innecesarios en estos eventos. Adicionalmente, se consagra un proceso verbal de única instancia cuando la cuantía del presunto daño sea inferior a la suma de quince (15) salarios mínimos. Así mismo, se facilitan los mecanismos de notificación en todos los procesos. b. Con fundamento en el principio de coordinación, se establece un mecanismo para que las Contralorías de todo el país y la Auditoría General de la República efectúen auditorías coordinadas concurrentes y planes nacionales de auditoría para dar cobertura nacional al control fiscal. c. Se mejora el sistema de información y de publicidad, creándose un sistema de información y seguimiento de las denuncias del control fiscal, exigiéndose la publicación de los Planes Generales de Auditoría (PGA) que no estén sujetos a reserva, advertencias e informes. d. Adicionalmente, se incorporan las figuras de los auditores universitarios y la rendición de cuentas de las contralorías para mejorar la eficiencia del control fiscal y garantizar la transparencia del mismo. e. Por último, se establece un Sistema Integrado de Auditoría para la Vigilancia de la Contratación Estatal (SIACE), administrado por la Contraloría General de la República con el apoyo de la Auditoría General de la República para hacer un seguimiento de eventos en los cuales se afecte la transparencia en esta actividad del Estado [...]».

81. En suma, desde la vigencia de la Ley 1474, las pólizas de seguro vinculadas a los procesos de responsabilidad fiscal, cuentan con el mismo término de prescripción de 5 años que el impuesto para la declaración de responsabilidad fiscal» (CONSEJO DE ESTADO. SEC PRIMERA. SENTENCIA DE 3 OCTUBRE 2019, 2019).

En la sentencia de 11 de octubre de 2019 la Sección Primera del Consejo de Estado sostiene (Pon. HERNANDO SÁNCHEZ SÁNCHEZ):

«189. La anterior postura jurisprudencial no es compartida por la Sección Primera del Consejo de Estado, atendiendo a que esta Sección , de manera reiterada y pacífica ha señalado que en los juicios de responsabilidad fiscal debe tenerse en cuenta el artículo 1081 del Código de Comercio, en relación con la prescripción de las acciones que se derivan del contrato de seguro o de las disposiciones que lo rigen, el cual, es de dos años contados desde el momento en que el interesado haya tenido o debido tener conocimiento de la existencia del riesgo asegurado que da base a la acción de responsabilidad fiscal para evitar la extinción del derecho por el fenómeno de la prescripción.

190. Para lo cual, se ha señalado que el citado artículo resulta aplicable en los eventos de la vinculación al proceso de responsabilidad fiscal del garante como civilmente responsable, toda vez que dicha vinculación no es a título de acción por responsabilidad fiscal, sino por responsabilidad civil, esto es, por razones inherentes al objeto del contrato de seguros, derivado únicamente del contrato que se ha celebrado, que por lo demás es de derecho comercial, y no de gestión fiscal alguna o conducta lesiva del erario por parte del garante, de allí que la responsabilidad que se llegue a declarar es igualmente civil o contractual, y nunca fiscal.

191. Asimismo, esta Sección señaló que, comoquiera que el legislador ha derivado del contrato de seguro la vinculación del garante como tercero civilmente responsable, es claro que tal vinculación es una forma de acción especial para hacer efectivo el amparo contratado, que bien puede considerarse como acción paralela a la de responsabilidad fiscal, aunque se surta en el mismo proceso, toda vez que tiene supuestos, motivos y objetos específicos.

192. De la misma manera, se consideró que la acción de responsabilidad fiscal tendiente a declarar la ocurrencia del siniestro y hacer efectiva la póliza, en la que se encuadra la vinculación del garante, no es una acción ejecutiva o de cobro coactivo, pues antes de que ella culmine no hay título que ejecutar; por el contrario, corresponde a una acción declarativa y constitutiva, toda vez que ella se ha de surtir justamente para constituir el título ejecutivo, que lo conformará la póliza y el acto administrativo que declare la ocurrencia del siniestro y ordene hacer efectiva la póliza; de allí que en tal situación se esté ante un título ejecutivo complejo y, que solamente después de constituido el título ejecutivo es que se abre la posibilidad y empieza a correr el término señalado en el artículo 66 del Código Contencioso Administrativo, para adelantar la acción de cobro coactivo del mismo.

193. Por tanto, la jurisprudencia citada de esta Sección ha determinado que: i) el siniestro que ampara la póliza debe ocurrir necesariamente dentro del término de vigencia de la misma, aunque sea el último instante del último día de vigencia; ii) el siniestro se configura cuando se produce el incumplimiento de la obligación garantizada por la póliza, no cuando la administración la declara, iii) que antes de la expedición de la Ley 1474, el término de los dos años señalados en el artículo 1081 del Código de Comercio se contabiliza, para el caso de los juicios de responsabilidad fiscal, a partir del momento en que el interesado haya tenido o debido tener conocimiento de la existencia del riesgo asegurado que da base a la acción de responsabilidad fiscal, que para el caso de las Contralorías lo determina a partir del auto que da apertura a la investigación fiscal y, iv) que solo se interrumpe el término de los dos años de la prescripción ordinaria señalada en el artículo 1081 del Código de Comercio, cuando el acto administrativo expedido por la Nación- Contraloría General de la República, o las contralorías distritales, departamentales o municipales que ordena la efectividad de la garantía, cobra firmeza dentro de dicho lapso.

194. En efecto, reiteró que debe tenerse en cuenta que uno es el término durante el cual se cubre el riesgo, que corresponde al período de duración del contrato de seguro, y otro el término dentro del cual es exigible el cumplimiento de la obligación de indemnizar mediante la acción del asegurado o beneficiario del seguro, determinando que el acto administrativo mediante el cual se declara el incumplimiento de una obligación garantizada mediante un contrato de seguro, debe expedirse, notificarse y quedar ejecutoriado dentro de los dos años siguientes a la fecha en que la administración tuvo conocimiento o razonablemente pudo tenerlo de la existencia del riesgo asegurado.

195. En suma, se reitera la postura de la Sección Primera del Consejo de Estado en la cual se ha señalado que antes de la expedición de la Ley 1474, por no tratarse, de una vinculación por responsabilidad fiscal ni de una acción de cobro coactivo, sino de una acción derivada del contrato de seguros, es aplicable para determinar la prescripción de la acción derivada del contrato de seguro el artículo 1081 del Código de Comercio y no el numeral 3.º del artículo 66 del Código Contencioso Administrativo ni las normas que determinan la responsabilidad fiscal.»

«196. Visto el artículo 120 de la Ley 1474, sobre pólizas en los procesos de responsabilidad fiscal, que textualmente señala:

«[...] ARTÍCULO 120. PÓLIZAS. Las pólizas de seguros por las cuales se vincule al proceso de responsabilidad fiscal al garante en calidad de tercero civilmente responsable, prescribirán en los plazos previstos en el artículo 9º de la Ley 610 de 2000 [...]».

197. En la exposición de motivos de la citada ley se determinó que era necesaria para establecer medidas para mejorar la eficiencia y eficacia del control fiscal en la lucha contra la corrupción, específicamente, sobre las prescripciones y caducidades que se presentan en las actuaciones administrativas de responsabilidad fiscal, proponiendo algunas medidas como: i) la creación de un procedimiento verbal de responsabilidad fiscal para los procesos con cuantía inferior a 150 salarios mínimos legales mensuales vigentes cuando se determine que están dados todos los elementos para proferir imputación y si existe flagrancia en la generación del daño; ii) un proceso verbal sumario, en única instancia, cuando la cuantía no supere los 15 salarios mínimos legales mensuales, con el fin de eliminar trámites y evitar así las caducidades y prescripciones. Textualmente, señaló:

«[...] El capítulo noveno contempla las medidas para mejorar la eficiencia y la eficacia del control fiscal en la lucha contra la corrupción. Esta reforma pretende aumentar los índices de eficacia y con ello lograr una legitimidad del control fiscal frente a la ciudadanía, cualificación que cada día se ha desmejorado ante los resultados negativos del control fiscal. En los estudios que ha realizado la Auditoría General de la República, se ha podido evidenciar que los resultados del control fiscal a nivel nacional no son lo esperado de acuerdo con su misión. En la última evaluación al control fiscal territorial se señaló lo siguiente: Se han identificado una serie de deficiencias que impiden la eficiencia y eficacia del control fiscal territorial. Entre ellas se encuentran que gran parte de los procesos que se adelantan no culminan con decisiones de responsabilidad fiscal.

Igualmente, es alarmante el número de prescripciones, que en el año 2009 ascendió a 712 procesos por cuantía de $ 221.592 millones. El *total de expedientes prescritos durante los últimos cinco años es de 3.732 por cuantía de $ 2,9 billones. Por su parte, las caducidades fueron 157 en el año 2009 por cuantía de $ 16.112 millones. Durante los últimos cinco años se caducaron 624 procesos por cuantía de $ 522.394 millones.*

En este sentido, se proponen medidas puntuales para garantizar la eficacia de los procesos de responsabilidad fiscal, tales como las siguientes: a. Se crea el procedimiento verbal para los procesos de responsabilidad fiscal, con el objeto de dar celeridad a los procesos cuya cuantía sea inferior a ciento cincuenta (150) salarios mínimos mensuales vigentes cuando se determine que están dados todos los elementos para proferir imputación y si existe flagrancia en la generación del daño. El objeto fundamental de esta medida es reducir los términos y eliminar trámites innecesarios en estos eventos. Adicionalmente, se consagra un proceso verbal de única instancia cuando la cuantía del presunto daño sea inferior a la suma de quince (15) salarios mínimos. Así mismo, se facilitan los mecanismos de notificación en todos los procesos. b. Con fundamento en el principio de coordinación, se establece un mecanismo para que las Contralorías de todo el país y la Auditoría General de la República efectúen auditorías coordinadas concurrentes y planes nacionales de auditoría para dar cobertura nacional al control fiscal. c. Se mejora el sistema de información y de publicidad, creándose un sistema de información y seguimiento de las denuncias del control fiscal, exigiéndose la publicación de los Planes Generales de Auditoría (PGA) que no estén sujetos a reserva, advertencias e informes. d. Adicionalmente, se incorporan las figuras de los auditores universitarios y la rendición de cuentas de las contralorías para mejorar la eficiencia del control fiscal y garantizar la transparencia del mismo. e. Por último, se establece un Sistema Integrado de Auditoría para la Vigilancia de la Contratación Estatal (SIACE), administrado por la Contraloría General de la República con el apoyo de la Auditoría General de la República para hacer un seguimiento de eventos en los cuales se afecte la transparencia en esta actividad del Estado […]».

198. En suma, desde la vigencia de la Ley 1474, las pólizas de seguro vinculadas a los procesos de responsabilidad fiscal, cuentan con el mismo término de prescripción de 5 años que el impuesto para la declaración de responsabilidad fiscal» (CONSEJO DE ESTADO. SEC PRIMERA. SENTENCIA DE 11 OCTUBRE 2019, 2019).

Finalmente, en la sentencia de 22 de octubre de 2020 la Sección Primera del Consejo de Estado (Pon. HERNANDO SÁNCHEZ SÁNCHEZ) fija los siguientes criterios jurisprudenciales:

«la Sala considera que la vinculación del garante a los procesos de responsabilidad fiscal, tiene por objeto: i) recuperar el erario y garantizar el pago de los perjuicios que se ocasionen al patrimonio público por el responsable de la gestión fiscal, por el contrato o el bien amparado por una póliza; ii) permitir que el garante participe en el proceso de responsabilidad fiscal y ejerza su derecho de defensa y contradicción; y iii) la vinculación de la aseguradora se realiza a título de tercero civilmente responsable, por razones inherentes al objeto del contrato de seguros y no por su responsabilidad fiscal.»

« En ese orden de ideas, la Sección Primera de esta Corporación ha considerado de manera sistemática que en los procesos de responsabilidad fiscal es aplicable el artículo 1081 del Código de Comercio, en relación con el término de prescripción de las acciones que se derivan del contrato de seguro, atendiendo a que: i) la acción fiscal es diferente a la acción civil; y ii) la vinculación de las compañías de seguro en los procesos de responsabilidad fiscal, se realiza a título de tercero civilmente responsable en el marco de las condiciones de la póliza y no como gestor fiscal responsable del detrimento patrimonial, por lo que se aplican en este aspecto las normas del derecho comercial.

De conformidad con lo anterior, esta Sección ha considerado que: i) el siniestro debe ocurrir dentro del término de vigencia de la póliza; ii) el término de prescripción de dos años previsto en el artículo 1081 del Código de Comercio se cuenta, para el caso de las compañías aseguradoras en los procesos de responsabilidad fiscal, desde el momento en que las contralorías hayan tenido o debido tener conocimiento de la existencia del hecho (expedición del auto de apertura a la investigación fiscal); y iv) el término se interrumpe con la firmeza del acto administrativo que ordena la efectividad de la póliza.

Esta Sección ha precisado que en materia de procesos de responsabilidad fiscal debe tenerse en cuenta que uno es el término durante el cual se cubre el riesgo, que corresponde al período de vigencia del contrato de seguro, y otro el término dentro del cual es exigible el cumplimiento de las obligaciones derivadas de la ocurrencia del siniestro, determinando que el acto administrativo mediante el cual se declara la responsabilidad civil y el deber de responder económicamente, debe expedirse, notificarse y quedar ejecutoriado dentro de los dos años siguientes a la fecha en que el ente de control tuvo o debió tener conocimiento de la existencia del detrimento patrimonial del erario» (CONSEJO DE ESTADO. SEC PRIMERA. SENTENCIA DE 22 OCTUBRE DE 2020, 2020).

6.

REFLEXIONES FINALES

El libro que se ofrece a la comunidad académica y profesional presenta tres líneas de conocimiento específico que pueden servir al lector: La primera se refiere a la responsabilidad y el control fiscal como instituciones encaminadas no sólo a la preservación y garantía del patrimonio público, sino que también orientada a establecer el alcance que se espera de una adecuada gestión fiscal en Colombia, en especial cuando se trata de los contratos estatales.

Con base en esta última cuestión en el libro se pretende ofrecer el conocimiento necesario para determinar las razones que justifican el ejercicio de los controles concurrente y preventivo, así como posterior en cabeza de la Contraloría General de la República, en especial en el ámbito de la contratación estatal, procurando determinar la ocurrencia de un daño antijurídico, del cual pueda establecerse un nexo causal que permita imputar con dolo o culpa grave la responsabilidad fiscal, cuando no se obedece a los principios constitucionales y a los presupuestos legales de la gestión fiscal.

Finalmente, se aporta con este libro la revisión la discusión académica y jurisprudencial acerca de la vinculación de las compañías de seguros en los procesos de responsabilidad fiscal que se adelanten por presuntos detrimentos patrimoniales ocurridos como consecuencia de la ejecución de contratos estatales, su posición como tercero civilmente responsable, así como la operancia de los fenómenos procesales de la caducidad de la acción fiscal y de la prescripción de la responsabilidad fiscal. Se trata de un debate que combina dos lecturas tanto de la visión ius comercialista, como de la visión administrativista que no puede permitir sesgos o tesis restringidas, sino que invita a discutir cuál de estas garantiza mejor el ejercicio de control fiscal que debe ejercer la Contraloría General de la República.

7.

BIBLIOGRAFÍA

Calero, T., Medina, S., Rodríguez, S., Perdomo, E., Téllez, P., Rico, M., . . . F., E. (2020). *Manual de Responsabilidad del Servidor Público.* Bogotá: tirant lo blanch.

Cámara Barroso, M., Díez Estella, F., Fernández Bermejo, D., García Díez, C., Gonzáles Hernández, R., Herreros López, J., . Villareal, P. (2018). *Responsabilidad Profesional.* Valencia: Tirant Lo Blanch.

CarrenÞo Gaitán, O. (2018). Seguridad juriìdica Vs Conceptos Juriìdicos indeterminados: El perjuicio como danÞo patrimonial al Estado en la Responsabilidad Fiscal en Colombia . *Centro de Recursos para el Aprendizaje y la Investigación, CRAI-Biblioteca Universidad Santo Tomás, Bucaramanga.*

Díaz-GranaDos Ortiz, J. M. (2014). La responsabilidad fiscal y su incidencia en los seguros. *Revista Ibero-Latinoamericana De Seguros,*, 161-204.

Gil, L., & Pérez, U. (2021). Responsabilidad fiscal de los interventores. Análisis del dolo y la culpa grave. *Juridicas CUC*, 87-118. Obtenido de http://dx.doi.org/10.17981/juridcuc.17.1.2021.04

Gómez Buitrago, J. (2017). *Gerencia pública y control fiscal.* Bogotá: Editorial Universidad de Rosario.

Gómez Lee, I. D. (2021). *Fundamentos de la responsabilidad fiscal en Colombia.* Bogotá : TIRANT LO BLANCH.

Narváez Bonnet, J. E. (2014). Régimen vigente de la garantiìa uìnica en la contratación estatal en Colombia. *Revista Ibero-Latinoamericana de Seguros*, 79-130.

Ordoñez Ordoñez, A. (2010). Efectividad de la garantía única de cumplimiento de contratos estatales, constituida a través de póliza de seguro de cumplimiento. *Revista de deReCho PRivado,* 135-177.

Palacios Sánchez, F. (2016). *Seguros: Temas Esenciales. Cuarta edición* . Bogotá: ECOE Ediciones .

Peláez Gutiérrez, V., & Restrepo Medina, M. A. (2021). *Novedades y perspectivas de la reforma al control fiscal.* Bogotá: TIRANT LO BLANCH.

Peña Nossa, L. (2017). *Contratos empresariales nacionales e internacionales.* Bogotá: ECOE Ediciones .

PÉREZ FUENTES, C. D. (2018). *TEMAS ACTUALES DERESPONSABILIDAD CIVIL.* Mexico : Tirant lo Blanch.

Ruiz Orejuela, W. (2010). *Responsabilidad del Estado y sus regímenes.* Bogotá: Ecoe Ediciones .

SÁNCHEZ MORÓN, M. (2014). *Derecho Administrativo. Parte General.* Madrid: Tecnos.

Sánchez Torres, C. A. (2007). Aspectos sustanciales de la responsabilidad fiscal en Colombia. *Universidad Sergio Arboleda* , 81-96.

Torres Estepa, A. (2013). RESPONSABILIDAD DE LOS FUNCIONARIOS EN LA CONTRATACIÓN ESTATAL EN COLOMBIA. *REVISTA PRINCIPIA IURIS,* 247-264.

Vélez Vélez, H. (2015). La responsabilidad jurídica: aproximación al concepto, relación con otros conceptos jurídicos fundamentales y su funcionamiento. *REVISTA DE LA FACULTAD DE DERECHO Y CIENCIAS POLÍTICAS - UPB,* 127-151.

Jurisprudencia Corte Constitucional

Corte Constitucional. Sentencia C-648 M.P. Dr. JAIME CÓRDOBA TRIVIÑO, D-3918 (Corte Constitucional 13 de Agosto de 2002).

Jurisprudencia Consejo de Estado

(25000-23-24-000-2004-00529-01, Dieciocho (18) de marzo de dos mil diez (2010). RAFAEL E. OSTAU DE LAFONT PIANETA).

(25000-23-24-000-2004-00654-01, diecisiete (17) de junio de dos mil diez (2010), RAFAEL E. OSTAU DE LAFONT PIANETA).

(25000-23-24-000-2006-00428-01, Veinte (20) de noviembre de dos mil catorce (2014), MARCO ANTONIO VELILLA MORENO).

25000-23-24-000-2005-01533-01, Diez (10) de septiembre de dos mil quince (2015), MARIA CLAUDIA ROJAS LASSO).

(25000-23-24-000-2009-00287-02, Siete (7) de junio de dos mil dieciocho (2018), ALBERTO YEPES BARREIRO).

25000-23-24-000-2003-00054-01, Tres (3) de octubre de dos mil diecinueve (2019), HERNANDO SÁNCHEZ SÁNCHEZ).

(25000-23-24-000-2007-00459-02, Once (11) de octubre de dos mil diecinueve (2019), HERNANDO SÁNCHEZ SÁNCHEZ).

25000-23-41-000-2013-02417-01, Veintidós (22) de octubre de dos mil veinte (2020), HERNANDO SÁNCHEZ SÁNCHEZ).

LA RESPONSABILIDAD FISCAL Y EL TÉRMINO
DE DURACIÓN DE LA GARANTÍA FRENTE
A LOS CONTRATOS ESTATALES
Y LA RESPONSABILIDAD FISCAL,
de LUCY JEANNETTE BERMÚDEZ BERMÚDEZ, se imprimió
en la República Argentina en abril de 2023.

www.ingramcontent.com/pod-product-compliance
Lightning Source LLC
LaVergne TN
LVHW082240051026
849532LV00012B/4063
* 9 7 8 9 5 6 4 0 7 1 4 3 5 *